GERMAIN PICARD

PAR TOUS PAYS

NOUVELLES & FANTAISIES

Deuxième Série.

LES CONSÉQUENCES D'UNE SATIRE.
NE DEVENEZ PAS ZURICHOIS. — UN MARIAGE PARISIEN.
UNE VICTIME DE L'ART.
LA DÉROUTE GRÉDINET. — LA MAIRIE DE SAINT-BONIFACE
LE CHATEAU MAUDIT, ETC.

PARIS

COURNOL, LIBRAIRE-ÉDITEUR

PASSAGE DU COMMERCE, 3

1873

PAR TOUS PAYS

GERMAIN PICARD

PAR TOUS PAYS

NOUVELLES & FANTAISIES

Deuxième Série.

LES CONSÉQUENCES D'UNE SATIRE.
NE DEVENEZ PAS ZURICHOIS. — UN MARIAGE PARISIEN.
UNE VICTIME DE L'ART.
LE COLONEL GREDINET. — LA MAIRIE DE SAINT-BONIFACE
LE CHATEAU MAUDIT, ETC.

PARIS

COURNOL, LIBRAIRE-ÉDITEUR

PASSAGE DU COMMERCE, 3.

1873

PAR TOUS PAYS

LES CONSÉQUENCES D'UNE SATIRE

I

Lucien d'Esparville est un des rares écrivains de talent qui osent cultiver la poésie dans notre siècle de radotage politique et d'écrivasserie mercantile. Il ne croit pas que le *Figaro* soit un recueil de saine littérature, M. Magnard, un critique judicieux, et le *mot de la fin*, l'idéal de l'esprit français.

Il rime donc en dépit des sots.

Un soir, le hasard ou le caprice l'avait conduit à Mabille, cette bourse du vice élégant, où vont chercher fortune les petits crevés, les vieux galantins et les beautés plus ou moins maquillées ; il en sortit écœuré et, de retour chez lui, écrivit la satire suivante qu'il fit porter le lendemain à la *Revue Parisienne :*

Palmyre.

L'autre jour, au Château des Fleurs,
L'orchestre chantait un quadrille
De Strauss, et, parmi les danseurs,
Passait une coquette fille
L'autre jour au Château des Fleurs.

Elle était jeune, fraîche et blonde,
Avec des lèvres de corail ;
Elle souriait à la ronde,
Et de ses dents montrait l'émail ;
Elle était jeune, fraîche et blonde.

Sous son corsage de satin
On voyait sa fine ceinture,
Et les deux globes de son sein
Montaient, descendaient en mesure,
Sous son corsage de satin.

Ses grands yeux, brillants de malice,
Dans tous les groupes, avec art,
Semaient l'amour ou le caprice,
Et chacun cherchait un regard
De ses grands yeux pleins de malice.

Elle était belle, en vérité ;
Belle à tel point que la nature
N'a pas, dans sa fécondité,
Depuis cent ans, fait créature
Qui fût plus belle, en vérité !

Le lendemain, sous sa fenêtre,
Je dus passer, quartier Breda ;
Je n'aurais pu la reconnaître ;
Mais un gandin me la montra,
Le lendemain à sa fenêtre.

Elle était laide à faire peur,
Chauve, la bouche dégarnie,
Les yeux cernés et sans ardeur,
Les seins tombants, la peau flétrie...
Elle était laide à faire peur !

Car tous les jours, à sa toilette,
Un coiffeur lui met ses cheveux,
Tandis qu'une adroite soubrette
Fait son teint, sa gorge, ses yeux
Et sa ceinture de toilette.

II

Huit jours plus tard, à l'heure du courrier,
Lucien venait de jeter un coup d'œil rapide sur
le dernier numéro de la *Revue parisienne*,
pour voir si quelque compositeur ignorant ou
facétieux n'avait pas estropié ses vers, et,
satisfait de son inspection, il allumait un cigare, lorsqu'on sonna chez lui.

Lucien n'avait ni femme de service, ni valet
de chambre, et, pour ne pas se déranger à

chaque instant, il avait pris l'habitude de laisser la clef sur sa porte, afin que les visiteurs pussent s'introduire eux-mêmes.

— Entrez, cria t-il, en mettant un peu d'ordre dans les papiers qui encombraient sa table de travail.

La porte s'ouvrit et livra passage à deux messieurs porteurs de longs favoris blonds, frisés, gantés et irréprochablement vêtus de noir.

Tous deux étaient grands et minces, mais l'un commençait à devenir chauve et grisonnait, tandis que l'autre devait à peine avoir atteint sa majorité.

— N'est-ce pas à M. Lucien d'Esparville que j'ai l'honneur de parler? fit le monsieur grisonnant, avec un léger accent germanique.

— Oui monsieur, répondit le poëte qui s'était levé.

— Je suis le comte Von Bornser, capitaine d'infanterie de la landwher, reprit l'étranger, monsieur est le baron Von Litzmann, sous-lieutenant de hussards et nous venons de la part du prince Romanzoff.

— De la part du prince Romanzoff, affirma le sous-lieutenant.

Lucien s'inclina.

— 5 —

— Veuillez vous asseoir, messieurs, fit-il
en présentant deux fauteuils.

Le comte et le baron s'assirent et le premier
tirant de sa poche la *Revue parisienne,* montra les vers sur Palmyre, et dit.

— Vous êtes, monsieur, l'auteur de cette
diatribe.

— Oui, monsieur.

— Ces vers ont gravement offensé une personne chère au prince Romanzoff, notre ami,
et ce dernier croit devoir prendre fait et cause
pour elle en cette circonstance.

— Permettez, messieurs; ce morceau est un
portrait de fantaisie qui peut malheureusement
avoir quelque ressemblance avec plus d'une
dame du demi-monde, mais je n'avais personne en vue, quand je l'écrivis.

— Cela est impossible. La dame en question
se nomme Palmyre, elle est danseuse au théâtre du Châtelet, demeure rue Bréda et va régulièrement à Mabille, actuellement réuni au
Château des Fleurs. C'est donc bien d'elle que
vous avez voulu parler quand vous avez composé cette satire. Vous l'avez calomniée monsieur, car elle n'achète ni ses cheveux ni ses
dents qui sont magnifiques.

— Je vous jure.

— Ne jurez pas. Notre conviction est faite.

— Notre conviction est faite, dit à son tour le baron en s'inclinant.

— Alors, messieurs, que voulez-vous ? fit Lucien, qui sentait la colère lui monter au cerveau.

— Le prince dont nous sommes les mandataires, désire que vous rétractiez vos calomnies dans la *Revue* qui les a éditées et que vous écriviez une lettre d'excuse à la très gracieuse dame que vous avez outragée.

— Je suis désolé, messieurs, de ne pouvoir faire cela pour être agréable au prince Romanzoff, mais je n'ai calomnié personne et ne veux pas me rendre ridicule.

— Alors nous sommes chargés de vous demander une réparation par les armes.

— Pardon, messieurs, il n'est pas d'usage à Paris de se couper la gorge avec un inconnu pour les beaux yeux d'une femme galante, parce qu'on a publié trente vers en tête desquels, le nom de guerre de la dite femme se trouve par hasard.

— Nous nous inquiétons peu de ce qui est d'usage à Paris, nous sommes prussiens.

— Nous sommes prussiens, fit le sous-lieutenant, en retroussant ses favoris.

— Et le prince est russe, ajouta le comte.

— Aussi messieurs, reprit Lucien, j'aurai grand plaisir à me trouver en face de vous, sur quelque champ de bataille, quand il s'agira de prendre la revauche de Reischoffen et de Sédan, mais je n'ai nulle envie d'aller sur le terrain pour une danseuse que je n'ai jamais vue.

— Vous êtes donc un lâche ?

Lucien devint pâle, il regarda ses deux visiteurs avec un air de suprème dédain, puis il leur dit :

— Ce mot est de trop, je me battrai, mais le sang versé retombera sur vos têtes, car vous l'aurez voulu.

— Veuillez alors nous envoyer vos témoins, afin que nous réglions avec eux les conditions du combat. Nous attendrons ce soir, jusqu'à quatre heures chez moi, rue du Bel Respiro, 7.

Cela dit, le comte se leva, salua profondément et se dirigea vers la porte, suivi de son acolyte qui lui emboitait le pas, comme à la parade.

— Voilà une vilaine affaire, dit Lucien quand ils furent sortis. Je serai... *blagué* par tous mes amis s'ils en ont jamais connaissance. Mieux vaut donc ne pas leur en parler, et choisir mes témoins parmi des gens qui leur soient inconnus.

En achevant ces mots, il ralluma son cigare qui s'était éteint pendant sa conversation avec les deux Prussiens, prit son chapeau et se rendit au café du *Helder,* où se réunit deux fois par jour, une partie des officiers de l'armée de Paris.

III

Il était près de onze heures quand notre héros arriva au *Helder ;* il jeta un rapide coup-d'œil dans la salle et aperçut, à l'une des tables de droite, un commandant en retraite qu'il avait rencontré plusieurs fois à Vincennes. Le commandant prenait son absinthe et jouait aux échecs avec un jeune capitaine.

Lucien serra la main du vieil officier, salua son adversaire et s'assit auprès d'eux pour attendre que la partie fut terminée.

Le commandant gagna, selon son habitude, et se tournant vers le poëte :

— Eh bien ! cher M. d'Esparville, que diantre devenez-vous ? lui dit-il, il y a des siècles qu'on ne vous a vu.

Puis s'apercevant qu'il était préoccupé :

— Il vous est arrivé quelque chose de fâ-
cheux, reprit-il, car je ne retrouve pas votre
joyeux sourire habituel.

— En effet, commandant, il vient de m'arriver la plus sotte aventure qui puisse troubler
un honnête homme dans sa quiétude, et je
venais, à cause de cela, vous demander un
service.

— De quoi s'agit-il? Vous savez que je
suis à vos ordres.

— Je viens de recevoir la visite de deux
teutons, qui m'ont provoqué de la part d'un
prince... Romanzoff. Connaissez-vous ce personnage ?

— En aucune façon ; mais pour quèl sujet
vous fait-il provoquer ?

— Pour un sujet très-ridicule et je ne voudrais, à aucun prix, qu'il s'ébruitât. Il s'agit
d'une fille.

— Cela suffit. Vous venez me demander si
je peux vous servir de témoin ?

— Précisément ; je vous serais très-recon-
naissant, si vous consentiez à régler les conditions du combat et à m'assister sur le terrain.

— Votre adversaire est russe, je crois ?

— Le nom l'indique.

— J'aimerai mieux qu'il fut teuton comme

ses amis ; enfin ! l'on ne choisit pas en pareille circonstance. Avez-vous un second témoin ?

— Non, commandant, et je comptais sur vous...

— Pour le trouver ? Soit. Voici un de mes anciens sous-lieutenants qui se fera un plaisir d'être des nôtres. N'est-il pas vrai, capitaine ?

— Sans doute, commandant.

— Alors donnez-moi l'adresse de vos deux prussiens. Nous allons déjeûner et, de suite après, nous irons les trouver.

— Voici... Le comte Von Bornser, capitaine d'infanterie; et le baron Von Litzmann, sous-lieutenant de hussards, rue du Bel Respiro, 7.

— Nous allons mener votre affaire militairement. Le prince est l'offensé ?

— Ces messieurs le prétendent. Ainsi faites comme vous le pourrez ; les armes, d'ailleurs, me sont indifférentes. Vous savez que je fais mouche neuf coups sur dix et je suis un des meilleurs élèves de Grisier.

— Tout ira bien. Attendez-nous chez vous; nous y serons avant quatre heures.

— Au revoir et merci.

IV

Lucien rentra chez lui et mit ordre à ses affaires. L'issue d'un duel est toujours douteuse, et l'homme prévoyant doit songer aux siens. Son testament fait et ses papiers classés, il attendit paisiblement ses témoins.

Ceux-ci furent exacts ; la pendule marquait trois heures et demie quand ils le rejoignirent.

— Tout est réglé, lui dit le commandant. C'est aujourd'hui mardi ; nous partirons demain pour la Belgique et le major de mon ancien régiment nous accompagnera. Vous vous battrez jeudi matin au pistolet... Vos teutons n'ont pas voulu entendre parler de l'épée. Ces mangeurs de choucroûte craignent l'arme blanche.

Lucien remercia les deux officiers et les retint à dîner ; on s'entendit pour les heures de départ et l'on alla finir la soirée aux Bouffes. Devant eux, dans une loge d'avant-scène, les deux prussiens, très pommadés et gantés de gris, lorgnaient les plantureux appas de Mme Thierret.

Le lendemain, notre héros et ses trois compagnons se rendirent à la gare du Nord ; ils prirent le train du soir se dirigeant vers Bruxelles, et descendirent à Quiévrain, première station située sur le territoire belge. Au sortir de la gare, il se mirent en quête d'un locomoteur quelconque et découvrirent non sans peine, un vieux cabriolet et sa *rossinante,* dont le propriétaire, convaincu par des arguments *dorés,* voulut bien se déranger et les conduisit à cinq kilomètres de là, au lieu fixé pour le rendez-vous. On ne mit guère que cinquante minutes pour faire le trajet.

Personne n'était encore arrivé ; le capitaine tira sa montre :

— Il n'est pas l'heure, dit-il, et nous sommes les premiers ; l'honneur national est sauf.

Il achevait ces mots quand le prince parut, enveloppé dans sa pelisse de voyage, accompagné de ses témoins en petite tenue et raides... comme des officiers prussiens, et suivi par un petit homme en paletot marron.

— Nous vous avons fait attendre, dit le comte Von Bornser, en saluant les quatre français, mais nous avons perdu beaucoup de temps à chercher monsieur, qui est médecin à Quiévrain, et qui a bien voulu nous amener dans sa voiture.

— Il n'est que neuf heures, répondit le commandant.

Alors, selon l'usage, les pistolets furent visités et chargés par les témoins, le terrain fut mesuré, et les deux adversaires, qui ne se connaissaient pas deux jours auparavant, se mirent en position à trente pas l'un de l'autre.

— Un, deux, trois, cria le commandant.

Deux détonations se firent entendre simultanément, et le prince tomba. Il avait reçu dans le côté la balle de son adversaire.

Les docteurs s'approchèrent, firent un premier pansement, et placèrent le blessé dans la voiture du médecin belge.

Le major vint ensuite annoncer à Lucien que la blessure reçue n'était pas mortelle. Les officiers français saluèrent les officiers prussiens, et notre héros et ses amis reprirent le chemin de Quiévrain où ils déjeunèrent en attendant le train de Bruxelles, qui devait les ramener à Paris.

Le dimanche suivant, ils allèrent prendre des nouvelles du prince, portèrent leurs cartes chez les témoins de ce dernier, et, comme le capitaine alors de service ne pouvait s'absenter, Lucien partit seul avec le commandant, qui était un fervent disciple de Saint-Hubert, pour faire l'ouverture de la chasse en Franche-Comté, dans les terres de sa famille.

V

Un mois s'était écoulé, et Lucien, qui avait repris ses travaux habituels, ne songeait plus à son aventure. Or, un soir qu'il était assis au coin du feu et cherchait à mettre en vers un des contes de Boccace (le *Rubis*, je crois), il vit entrer le prince Romanzoff. Sa stupéfaction fut telle, qu'il laissa tomber sa plume et oublia complètement de saluer le visiteur.

Ce dernier s'approcha en souriant et dit :

— Vous êtes étonné, Monsieur, de me voir chez vous? mais vous le serez, j'en suis certain, bien davantage, quand vous saurez ce qui m'amène ici.

Veut-il de nouveau me chercher querelle ? pensa Lucien. On peut s'attendre à tout avec de pareils originaux.

Il se remit toutefois, s'inclina devant son ancien adversaire et lui présenta un fauteuil.

— Pardonnez-moi, monsieur, lui dit-il, de vous avoir reçu d'une manière aussi peu convenable; votre visite m'a quelque peu surpris, je vous l'avoue.

— Elle était nécessaire, répondit le prince.

Puis, écartant le fauteuil qui lui avait été offert, il s'avança jusqu'auprès de Lucien et reprit :

— Monsieur d'Esparville, je viens vous faire des excuses.

— A quel sujet, prince ?

— Au sujet de notre malheureuse querelle. J'ai eu la sottise de provoquer un galant homme qui ne m'avait nullement offensé et j'ai reçu une balle dans le côté. J'ai été puni, c'était juste.

— Mais puisque vous reconnaissez que je ne vous ai pas offensé, pourquoi avez-vous exigé cette rencontre ?

— Parce que je vous croyais coupable ; le comte Von Bornser me l'avait persuadé. Depuis j'ai reconnu mon erreur et je viens la réparer autant qu'il est en moi de le faire.

— Quel intérêt avait le comte à vous tromper ainsi ?

— Le comte avait depuis longtemps une liaison secrète avec cette malheureuse Palmyre, à laquelle vous n'avez nullement songé en écrivant votre satire, j'en suis certain aujourd'hui. Je le gênais, et, comme il n'est pas très-riche et ne pouvais décider ma maîtresse à rompre avec celui qui lui procurait toutes les jouissances du luxe, il n'a trouvé rien de mieux qu'un duel pour se débarrasser de moi pendant quelque temps sans nuire à la fortune de sa complice.

— Le moyen me paraît assez mal combiné, car enfin vous pouviez me tuer, et alors.....

— Je rentrais au logis, n'est-ce pas? et leur complot avortait. Mais le comte n'avait aucune crainte de ce côté; il vous avait vu au tir avant la guerre et savait, d'autre part, que je suis tout juste de force à manquer une porte-cochère à trente pas. Aussi me persuada-t-il de me battre au pistolet. (C'était l'usage, affirmait-il; je dus me conformer à l'usage).

— Et si je vous avais tué.

— Il y avait neuf chances sur dix que ce malheur n'arriverait pas; son projet a donc parfaitement réussi d'abord. Malheureusement pour lui, ma blessure était légère, le médecin belge que vous savez m'a parfaitement soigné, et j'ai été promptement guéri. Je suis revenu à Paris sans être attendu et j'ai surpris les deux coupables dans un moment très-délicat. Palmyre, espérant sans doute se faire pardonner sa trahison, m'a tout avoué en pleurant et m'a juré ses grands dieux que le comte était un misérable qui n'avait pu la séduire qu'à force de mensonges et de menaces.

« De cela, j'ai cru ce qu'il m'a paru bon, et, le soir même, j'ai fait porter à la belle dame dix billets de mille francs, avec une lettre d'adieux. Le lendemain, j'ai provoqué mon rival ; nous nous sommes battus à l'épée malgré qu'il en eût, et, comme je suis de première force, je l'ai traversé de part en part.

« Voilà, Monsieur, pourquoi je suis chez vous ; je vous devais cette réparation, et, si vous ne la trouvez pas suffisante, je suis prêt à répéter ce que je viens de vous dire devant tous vos amis assemblés.

— Prince, cela n'est pas nécessaire et je me tiens pour complètement satisfait.

Et le poëte faisait d'héroïques efforts pour ne pas éclater de rire.

— Alors tout est oublié, reprit le russe, et vous voudrez bien me compter au nombre de vos amis ?

— J'en serai très-honoré, fit Lucien.

Et il serra cordialement la main qui lui était tendue.

Cela se passait le 2 octobre 1871.

VI

Le dix novembre dernier, toute la colonie russe s'était donné rendez-vous à l'église de la rue Daru, où le Jockey-club et le monde des lettres étaient brillamment représentés.

Notre ami Lucien d'Esparville épousait la très-charmante et très-spirituelle Elisabeth Romanzoff, dont il avait failli tuer le père....

La veille, on avait porté à l'*Hôtel-des-Ventes* le riche mobilier de Mlle Palmyre Saint-Albin, qui s'était fait enlever par un planteur de la Havane, mais s'était bien gardée de payer ses créanciers avant son départ.

NE DEVENEZ PAS ZURICHOIS

I

Pendant le court séjour que je fis à Zurich, vers le milieu de l'été 1871, nous allions fréquemment après dîner, mon hôte Charles de Breuil et moi, jouir de la fraîcheur du soir dans le charmant jardin qui sépare Zurich-sée de Stadthausplastz. Nous causions de la France, de ses malheurs récents et de ses gloires à venir, en nous promenant sous les arbres, jusqu'au moment où les riches coteaux qui bordent le lac et les montagnes neigeuses sur lesquelles venaient de se refléter les derniers rayons du soleil disparaissaient dans la nuit. Alors nous revenions sur nos pas et, suivant la Limmat jusqu'à la douane, nous allions terminer la soirée, soit au café du commerce, au *Saffran*, soit à la brasserie *Orsini*, de toutes les brasseries de Zurich, celle où l'on boit la meilleure bière.

Or, un soir, que nous sortions pour faire notre promenade habituelle :

— Messieurs, je vous en prie, ne devenez pas Zurichois, nous dit Mme Kaufmann, une des rares personnes avec lesquelles mes hôtes, français comme moi, eussent pu nouer des relations amicales.

Cette recommandation me parut au moins bizarre :

— Comment l'entendez-vous, Madame ? fis-je en réprimant un sourire.

— Oh ? reprit-elle vivement, les Zurichois vont beaucoup trop à la brasserie et deviennent ainsi grossiers, égoïstes et brutaux.

— Alors vous pouvez être sans crainte sur notre compte, nous ne les imiterons pas. Nous allons fumer un cigare et boire *ein glas bier* au *Saffran*, en gens sobres que nous sommes, et nous reviendrons dormir du sommeil de l'innocence.

Puis quand nous fûmes hors de la maison :

— Mme Kaufmann, paraît avoir peu d'estime pour ses compatriotes, dis-je à M. de Breuil.

— En effet, répondit celui-ci, la pauvre femme a beaucoup eu à se plaindre de quelques-uns d'entre eux, et cela sans doute

grossit à ses yeux, des défauts qui sont très-
réels. Quand nous serons au café je vous
raconterai son histoire.

II

Quelques minutes plus tard, nous étions
installés devant une des tables du *Saffran*,
et l'on nous avait servi deux chopes de bière
limpide comme l'eau de roche et fraîche
comme la glace.

— Mon cher, fis-je à mon hôte, je vous
écoute.

M. de Breuil, m'offrit un *sultana*, en al-
luma un autre et commença sa narration
en ces termes :

Veuve d'un négociant qu'on avait longtemps cru riche, mais qui n'avait en réalité
laissé qu'une fortune plus que modeste,
Mme Kaufmann se retira vers 1865, à Hottingen, l'un des faubourgs de Zurich. Comme
elle avait deux enfants, une belle fille de dix-
neuf ans et un jeune garçon de seize, elle fut
obligée, pour subvenir à leurs besoins, et leur
conserver le peu qui devait leur revenir un
jour, de se réduire à la plus stricte économie.

Elle fit donc, pour diminuer ses charges, ce
que font beaucoup d'habitants de notre ville ;
elle meubla le plus commodément possible
celle des pièces de son appartement qui se
trouvait à peu près indépendante, et put ainsi
la louer soit à des étudiants riches, soit à des
étrangers en séjour, à elle adressés par des
personnes recommandables.

« Deux années s'écoulèrent sans que rien
pût lui faire regretter sa détermination. Les
locataires qui se succédèrent à quelques mois
d'intervalle, étaient d'honnêtes garçons qui
fumaient et se grisaient en véritables suisses,
mais respectaient le domicile de la veuve.
Turbulents et quelque peu libertins à la brasserie et dans les rues, ils redevenaient modestes et silencieux dès qu'ils avaient franchi
le seuil de sa maison, en sorte que, sans trop
se faire illusion, elle eut pu les prendre pour
autant de petits saints. Mme Kaufmann avait
pendant ce temps, grace à des rentrées de
fonds inespérées, à peu près rétabli ses affaires. D'autre part son fils était devenu l'un
des meilleurs élèves de l'Université, et sa
fille, fiancée depuis quelques mois, devait se
marier avant la fin de l'automne 1867, avec
un jeune médecin de Zurich. Aussi, pour se
rapprocher le plus possible du jeune ménage

et, tout à la fois, éviter à son fils les longues courses qu'il était obligé de faire plusieurs fois par jour, car il suivait exactement les cours de l'Université, avait-elle résolu de quitter Hottingen à cette époque et de rentrer dans la ville.

« Elle loua donc pour la dernière fois sa chambre garnie à un certain Friedrich Muller qui remplissait je ne sais trop quelles fonctions administratives, et qui lui fut présenté par un ancien client de son mari, en qui elle avait pleine confiance.

« Friedrich Muller était grand, bien fait, assez élégant, mais sa physionomie était dure, son sourire équivoque, et son élégance ne l'empêchait pas de s'oublier trop souvent en face des chopes mousseuses ou des flacons de vin du Rhin ; il passait pour instruit, mais avait trop l'air de le savoir ; on le disait honnête, mais il parlait beaucoup trop emphatiquement de vertu et de probité pour qu'un observateur s'y fût laissé tromper. Enfin, ce qui m'aurait inspiré une singulière défiance, il avait été souvent applaudi dans les réunions du parti radical.

« Mais Mme Kaufmann n'était pas assez clairvoyante pour distinguer des nuances aussi délicates. Elle trouva dans Muller un

homme d'une tenue en apparence irrépro-
chable et fut pour lui comme pour ses pré-
décesseurs, pleine de soins quasi maternels
et de petites attentions. Ce dernier sut d'ailleurs capter la bienveillance de toute la
famille, car il avait cet esprit superficiel qui
plait à presque toutes les femmes et connaissait les lois de la civilité puérile et honnête,
dont il ne s'écartait guère dans un certain
monde. Il donna quelques conseils à son
hôtesse et lui rendit même quelques petits
services dans des affaires litigieuses, fit sans
trop d'affectation l'éloge de son futur gendre,
et félicita son fils de ses succès universitaires.
Aussi la pauvre veuve crut-elle devoir remercier la personne qui lui avait présenté
un aussi excellent locataire.

« Elle devait bientôt amèrement regretter
sa trop facile confiance.

III

Alors, interrompant le narrateur :

— Je comprends, lui dis-je ; Friedrich
Muller fit la cour à M{{lle}} Kaufmann, la séduisit
et disparut un beau matin, laissant à la pauvre
fille un souvenir vivant de... son amour.

« Il y a dans ce monde, des gens qui se disent honnêtes et qui nomment cela *une erreur de jeunesse;* quelques-uns, plus indulgents encore, n'y voient qu'*une légèreté.*

— Vous n'y êtes pas, mon cher, riposta de Breuil. Une tentative de séduction n'eût certes pas réussi; Mlle Kaufmann était foncièrement vertueuse et aimait son fiancé. Vous connaissez l'histoire romaine ?

— Je crois que oui.

— Eh bien! Muller qui, dans la satisfaction de ses vices, ne conservait même pas ce reste de délicatesse que les Français les plus débauchés ne perdent jamais, agit comme Sextus Tarquin.

« Un jour que Mme Kaufmann était sortie pour faire quelques emplettes, et que son fils était à l'Université, il rentra chez lui, contre son habitude, sur les deux heures après midi. Il devait avoir bu beaucoup, car il paraissait en proie à une grande surexcitation : ses lèvres étaient violacées et ses yeux lui sortaient littéralement de la tête. Il s'assura que la jeune fille était bien seule et sonna.

« Mlle Kaufmann accourut, et, trouvant la porte ouverte, elle entra dans sa chambre, comme elle l'avait déjà fait quelques fois, pour lui demander ce dont il avait besoin.

« Muller passa vivement derrière elle, ferma la porte, mit la clef dans sa poche, et se retourna vers la jeune fille.

« Il était hideux.

« La pauvre enfant eut peur, et, sans deviner encore quelle espèce de danger la menaçait, elle se prit à trembler.

« — Au nom de Dieu ! Monsieur Friedrich, qu'avez-vous? fit-elle en joignant les mains.

« Elle n'en put dire davantage ; Muller, d'une main lui ferma la bouche pour l'empêcher de crier, de l'autre la saisit par la ceinture et la jeta complètement évanouie sur son canapé.

« Une heure plus tard, il était ivre-mort dans un bouge ; il venait de vider une bouteille d'eau-de-vie, en compagnie d'un porte-faix qui trouvait le *bourgeois* très-drôle et cherchait vainement à saisir le sens de ses propos incohérents.

IV

« Pendant un mois, Friedrich Muller fit peser sur sa victime le joug le plus lourd et le plus honteux. La malheureuse fille, obligée, par la terreur qu'il lui inspirait, de se livrer

à un homme pour lequel elle ne pouvait avoir
que haine et mépris, passait les nuits à pleurer
et faisait d'héroïques efforts pour sourire à sa
mère et pour cacher ses souffrances à son
fiancé. Aussi avait-elle horriblement maigri ;
ses belles couleurs avaient disparu et ses
yeux, autrefois si doux, brillaient d'un éclat
fiévreux.

« Mme Kaufmann, qui ne pouvait se douter
des causes d'un pareil changement, crut à
l'une de ces indispositions si fréquentes chez
les jeunes personnes, et, sur l'avis de son futur
gendre, qui conseillait un régime particulier
et le changement d'air, elle envoya sa fille
chez une tante qui possédait un chalet sur la
montagne.

« Peu de temps après, Muller quitta Hottingen et alla s'établir dans l'intérieur de
Zurich, sans laisser sa nouvelle adresse à
personne dans le faubourg.

« Le séjour à la montagne fit grand bien à
Mlle Kaufmann. Délivrée des menaces et des
violences de Muller, n'ayant plus d'efforts
douloureux à faire pour tromper sa mère et
son fiancé, dont les visites autrefois si dési-
rées, ne faisaient plus maintenant qu'augmenter sa douleur, elle goûta un peu de
tranquillité. L'air vif qu'elle respirait, les

soins attentifs de sa tante, un régime sévère, de grandes courses dont la fatigue énervait sa pensée et favorisait son sommeil, rétablirent sa santé. Puis elle apprit le départ de Muller, ce qui lui procura un nouveau soulagement, car, elle le savait bien, elle n'avait rien à attendre de ce misérable, et tout ce qu'elle pouvait désirer c'était de n'avoir plus rien à en craindre. Elle se reprit à espérer. — Quoi? Un peut-être. — Bien des gens n'ont jamais espéré autre chose. Alors le sourire reparut sur ses lèvres, non pas le sourire franc et spontané de la jeune fille heureuse, mais le sourire un peu triste de la femme qui a souffert, et qui veut oublier, car elle aime encore la vie.

V

« Ce fut un court répit. Bientôt des symptômes de grossesse se manifestèrent. Dans son innocence la pauvre enfant ne se douta même pas d'où pouvait provenir le malaise qu'elle ressentait. Elle se plaignit à sa tante qui n'était guère plus instruite qu'elle à ce sujet, et qui lui fit prendre force tisanes. Ce traitement anodin ne produisit aucun effet. Alors on alla consulter le médecin du village voisin. Celui-ci ne put se méprendre sur la véritable cause du mal et, comme la bonne tante qu'il avait prise à part pour lui donner son avis jurait ses grands dieux qu'il devait se tromper et qu'elle était sûre de sa nièce comme d'elle même, il interrogea discrétement Mlle Kaufmann, et finit par obtenir d'elle un aveu complet.

« C'était un homme de soixante ans au moins ; depuis qu'il avait quitté les bancs de l'université, il avait soulagé de bien grandes misères et de bien cruelles souffrances. Eh bien ! il avoua quelques jours plus tard à l'un de ses confrères, qu'il n'avait jamais été aussi vivement ému, qu'en entendant cette jeune fille raconter, la rougeur au front et le visage inondé par les larmes, le guet-apens dont elle avait été victime.

« Le lendemain, la vieille tante se rendit à Hottingen. Elle alla chez le pasteur de la paroisse qui était un ancien ami de Mme Kaufmann et qui l'avait soutenue et consolée dans ses épreuves passées, et le pria de porter la terrible nouvelle à la veuve.

« Le pasteur accepta cette douloureuse mission, et sortit aussitôt pour la remplir.

« Il trouva la veuve seule, et commença

parfaire appel à son courage, à sa résignation, puis, quand il la crut suffisamment préparée :

« — Madame, lui dit-il, votre fille...

« — Ma fille est morte ! exclama la pauvre mère que l'exorde du pasteur avait effrayée.

« — Non madame, reprit ce dernier, Dieu vous a bien rudement frappée, mais il ne vous a pas enlevé votre enfant.

« Et avec tous les ménagements, toute la délicatesse possible, il lui raconta ce qui s'é--tait passé la veille chez le médecin.

« Au premier mot de l'ecclésiastique, Mme Kaufmann eut un éclair de joie, puis, en entendant le récit du lâche attentat qui flétrissait sa vieillesse et détruisait tous les projets formés pour le bonheur de sa fille, elle baissa la tête, cacha son visage dans ses mains, et se mit à pleurer.

« Le pasteur laissa couler ses larmes, et attendit silencieusement qu'elle fut en état de prêter quelque attention à ses paroles, puis il lui parla d'espérance et de réparation.

« — Oh ! fit la pauvre mère, sauvez mon enfant à tout prix, sauvez-là, mon ami.

« Le pasteur introduisit alors la sœur de Mme Kaufmann, qui attendait sur le palier le résultat de sa visite.

« Après les premiers épanchements, on tint

conseil et il fut résolu que le pasteur chercherait la nouvelle demeure de Friedrich Muller et réclamerait de lui, au nom de Dieu, la seule réparation qui pût satisfaire sa victime.

« Si la réponse de Muller était favorable, ce dont on ne voulait pas douter, il irait chez le jeune docteur retirer la parole donnée par Mlle Kaufmann et par sa mère, en ne faisant connaître de ce qui s'était passé, que ce qui serait absolument nécessaire pour expliquer une rupture aussi inattendue.

« La veuve et sa sœur partiraient de leur côté pour la montagne, afin de combattre la terreur que le nom seul de Muller inspirait à la malade et de l'engager à consentir à un mariage, qui ne lui donnerait certes pas le bonheur, mais sauverait sa réputation, et lui assurerait un état régulier ainsi qu'à l'enfant qu'elle portait.

VI

« Après bien des courses inutiles, le pasteur découvrit le nouveau domicile de Friedrich Muller et put se rencontrer avec lui.

— Je devine le reste, fis-je alors à M. de Breuil ; le pasteur parla au nom de Dieu, et

Friedrich lui répondit en ces termes : — en
ma qualité de radical je suis matérialiste, et,
comme matérialiste, je ne crois pas en Dieu.

— Le pasteur parla d'honneur et de probité;
le jeune homme lui fit comprendre qu'on n'é-
tait pas radical pour avoir des préjugés. — Le
pasteur voulut alors rappeler à cet homme si
dégagé de tout lien moral ou religieux, qu'on
pouvait recourir aux lois, et celui-ci insinua
qu'en sa qualité de radical, il se mettait au
dessus des lois qu'il n'avait pas faites.

— Vous ne vous trompez guère, répondit
mon hôte, Muller fut superbe d'impudence.

« A certain moment, le pasteur indigné
élevait la voix.

« — Plus bas, monsieur, plus bas, lui dit-
il ; les voisins pourraient nous entendre et j'ai
horreur du scandale.

« Puis, quand poussé à bout, le pasteur prit
sur lui de le menacer de recourir aux lois.

« - - Oh! fit-il, je les connais, nos lois qui
font l'admiration des badauds. Elles sont par-
faites pour aider les aventurières à exploiter
les naïfs, mais que peuvent-elles dans le cas
présent? Je sais bien que Mlle Kaufmann, ne
me traînera pas devant les tribunaux, elle
craindrait trop de mettre le public dans la
confidence de son malheur et de sa honte.

« — Vous vous trompez, riposta le pasteur, il n'y a aucune honte à être la victime d'un odieux attentat, et Mlle Kaufmann est disposée à vous poursuivre criminellement, si vous refusez de lui donner toutes les satisfactions qu'elle est en droit d'exiger.

« Muller parut ébranlé ; il demanda quelque temps pour réfléchir et promit de rendre une réponse décisive, le surlendemain à pareille heure.

« — Après tout, ajouta-t-il, comme se parlant à lui même, Mlle Kaufmann est charmante et très bien élevée.

« Le pasteur crut avoir cause gagnée, et comme il avait dépassé ses pouvoirs en menaçant le jeune homme de poursuites judiciaires, il se hâta d'adhérer à sa demande.

« Deux jours plus tard, il fut exact au rendez-vous, mais Friedrich Muller était parti pour l'Italie.

VII

« Mlle Kaufmann, minée par le chagrin, traîna pendant quelques mois une vie languissante et mourut en accouchant avant terme d'une chétive enfant qui lui survécut peu.

« Son frère, auquel on avait soigneusement caché les causes de sa mort, se prit de querelle avec un de ses camarades pendant une excursion au Sihl-Wald. L'étudiant, échauffé par de fréquentes libations, lui jeta à la face l'histoire de Muller que celui-ci, dans un moment d'épanchement, avait racontée à sa manière, devant quelques intimes.

« De là démenti donné, soufflets échangés, lutte et pugilat. Les quelques jeunes gens qui se trouvaient là, s'efforcèrent en vain de séparer les combattants. Le pied du jeune Kaufmann, glissa sur une touffe d'herbes, il tomba entraînant son adversaire et tous deux roulèrent au fond d'un ravin.

« Le soir une charrette ramena à Zurich deux cadavres affreusement mutilés.

« La veuve, si souvent atteinte par le malheur, eut la force de supporter cette nouvelle épreuve, mais sa vie n'est qu'une douloureuse attente de la mort, et jamais aucune joie ne soulève le voile de mélancolie qui couvre son visage.

— Qu'est devenu le jeune docteur qui devait être son gendre? demandai-je à mon hôte.

— Oh! répondit-il, le jeune homme s'est consolé, s'est marié, est devenu père et tout annonce qu'il fera fortune.

— Et Muller !

— Muller trafique dans l'extrème Orient, et ses amis poliques l'ont fait nommer Consul de Suisse à....

Onze heures sonnaient alors, nous reprîmes le chemin du logis et quand nous nous séparâmes à la porte de ma chambre :

— Nous ne serons jamais Zurichois, dis-je à M. de Breuil en lui serrant la main.

— Amen, fit-il en souriant.

LA MAISON DU MALHEUR

Dans une de mes promenades autour de Lyon, je trouvai à quelques cents mètres d'un gros village, une maison d'assez bonne apparence, mais dont la porte et les fenêtres étaient hermétiquement closes. La serrure était rouillée et l'herbe croissait éntre les pierres du perron.

Etonné de cet abandon dans un canton d'ailleurs riche et populeux, je m'approchai d'un paysan qui fauchait un champ de luzerne de l'autre côté du chemin, et lui demandai pourquoi cette maison était ainsi abandonnée.

— Oh ! monsieur, me répondit-il, ce n'est pas étonnant, cette maison est la *Maison du malheur*.

Ces paroles ne firent qu'augmenter ma curiosité, et je lui demandai d'où venait ce nom.

— Tout le monde sait çà dans le pays, dit-il, et je peux bien vous le raconter.

Il s'appuya sur le manche de sa faulx, s'essuya le front avec le revers de sa main calleuse, et reprit :

— Dans cette maison habitaient, il y a quelques années, Mathurin et Jeannette, un brave garçon et une belle fille ; ils s'aimaient bien, depuis trois ans qu'ils étaient mariés, et ils aimaient bien leur petit Jacques, qui trottait déjà par la chambre comme un homme et s'essayait même à parler.

Tout leur prospérait d'ailleurs, et, les fermages payés, Mathurin portait, chaque année, chez son notaire, une petite somme que l'on plaçait en attendant de pouvoir acheter un lopin de terre. Et pourtant, Dieu merci ! Mathurin n'était pas avare ; Jacques était soigné comme le fils d'un bourgeois, et Jeannette était toujours la mieux parée des environs. Mais que voulez-vous? quand la chance y est, il n'y a rien qui fasse.

Ça ne dura pas longtemps. Le malheur avait attendu, il fut plus terrible, c'est toujours ainsi. Au printemps, le petit Jacques prit le croup, et ni neuvaines, ni médecines n'y purent rien... il mourut ; vous pensez quelle fut la désolation de Jeannette et de Mathurin?... Ce ne fut pas tout, la récolte manqua et la maladie se mit dans le bétail. Mathurin alla chez son notaire pour avoir de l'argent; son débiteur venait de faire banqueroute et de passer à l'étranger, et le notaire ne put que lui avancer, à ses risques et périls, une somme trop faible pour le tirer d'embarras.

Les bêtes mal soignées périrent, les fermages ne furent pas payés, et Mathurin dut abandonner les terres qu'il avait louées.

Il ne perdit pas courage, Jeannette était encore là et elle devait être de nouveau mère; il fallait donc oublier ce qu'on avait perdu pour songer à ce qui allait venir.

Il ne restait plus à Mathurin que cette maison qui venait de sa femme; il se mit à travailler à la journée; Jeannette en fit autant de son côté, et l'aisance revint. Mais un jour que Jeannette était au lavoir, elle prit froid; la fièvre la saisit, et, après trois semaines de maladie, pendant lesquelles Mathurin la soigna mieux que n'eût fait une garde-malade, elle mourut en accouchant d'un enfant mort, deux mois avant le terme.

Pour le coup, c'était plus qu'un homme

n'en pouvait porter. Le soir de l'enterrement, Mathurin disparut, et personne n'a jamais su ce qu'il était devenu.

Voilà pourquoi cette maison est appelée la *Maison du malheur ;* personne ne veut l'habiter, et la famillé de Mathurin aura bien de la peine à s'en défaire.

MARGUERITE

Il y a quelques années, deux jeunes gens, un beau garçon de vingt ans et une jolie fille de seize, se disaient adieu à l'entrée d'un hameau peu distant de Cusset. Le jeune homme partait pour le service et la jeune fille lui promettait d'attendre qu'il eût *fini son temps*. Serments d'amour et de fidélité furent échangés à demi-voix, baisers furent donnés et rendus, puis l'on se sépara, des larmes dans les yeux. Le jeune homme se retourna deux ou trois fois pour envoyer un signe d'adieu à sa fiancée, et quand il ne put l'apercevoir, il se mit à courir pour rejoindre ses compagnons qui l'attendaient à la gare de Vichy.

Pendant deux ans, il reçut régulièrement des nouvelles de sa fiancée; puis deux mois, trois mois, six mois se passèrent, il ne reçut plus rien. Vainement il écrivit; aucune réponse ne vint calmer son inquiétude. Alors, il sollicita un congé qu'il obtint facilement, car il était aimé de ses chefs et venait de recevoir les galons de sergent comme récompense de sa bonne conduite.

Il part, il arrive chez le père de sa fiancée; on le reçoit en pleurant. Il ose à peine demander des nouvelles de Marguerite...

— Est-elle mariée?

— Non.

— Où est-elle?

— A Paris.

— Que fait-elle?

— Perdue!!!

— Perdue!

Il veut tout savoir et comme il ne peut rien obtenir de plus du père de Marguerite, il court le pays, s'informe et voici ce qu'il apprend:

« Marguerite était sage et l'aimait de tout son cœur, lorsqu'un jour (il y avait sept mois environ), une troupe de jeunes gens vint de Vichy à la fête d'un village voisin. Marguerite était présente; l'un des jeunes gens la remarqua et l'invita pour le bal.

C'était un assez joli garçon, un de ces beaux oiseaux de boutique dont le plumage est de mauvais goût et le ramage faux, mais qui éblouissent quelquefois les filles du peuple avec leur élégance de ruolz.

Le beau garçon fit la cour à Marguerite,

plaisanta sur son futur mariage avec *un soldat*, lui fit des promesses magnifiques, et finalement la décida à le suivre à Paris.

Un mois après, il l'abandonnait dans une chambre d'hôtel garni, en lui laissant à peine l'argent nécessaire pour ne pas mourir de faim dès les premiers jours.

Ce qui devait arriver arriva; la misère et l'inexpérience aidant, Marguerite tomba de chute en chute, jusqu'à ce degré que la honte ne franchit plus que par le crime. »

Le sergent écouta cette histoire sans répandre une larme; à peine une légère contraction des lèvres eût-elle pu indiquer à l'observateur qu'un orage terrible grondait sous cette apparence de calme.

Le même soir, il partit pour Paris, parvint à l'aide de quelques renseignements pris à Vichy, à découvrir le séducteur de Marguerite qui voyageait, je crois, pour une maison de parfumerie, et le souffleta en plein midi au café du Cercle. Le lendemain matin, ils se battaient au bois de Vincennes; après cinq minutes de combat, le voyageur tombait grièvement blessé, et, comme pour lancer un dernier affront à son adversaire, lui disait la rue qu'habitait sa fiancée et le honteux métier qu'elle faisait.

Le sergent revient en hâte à Paris ; il court à la rue Poissonnière, s'embusque chez un marchand de vin établi près du boulevard, et attend.

Sur les huit heures, il aperçoit une femme fardée, crottée et souriant aux passants ; il s'approche... c'était elle.

— Marguerite ! s'écrie-t-il.

Marguerite se retourne, pousse un cri et veut fuir ; mais avant qu'elle ait pu faire un pas, elle se sent frappée au cœur et tombe morte sur le pavé.

— J'aime mieux çà, fait le sergent, et pendant que les voisins crient : à l'assassin ! et que les sergents de ville accourent, il se précipite sous l'énorme rouleau qui sert à écraser le macadam, et qui fonctionnait alors sur le boulevard Poissonnière.

On ne releva qu'une masse de débris informes couverts d'une boue sanglante.

Le voyageur guérit de sa blessure ; il se maria et l'on prétend qu'il raconta à sa jeune femme, parisienne sans préjugés, l'histoire de Marguerite et du sergent, et que la jeune femme se moqua fort de la bêtise de ce dernier.

LA CHASSE DE M. GROS-MIGNON

M. Sébastien Gros-Mignon, retiré des affaires depuis peu, est allé habiter une petite maison dans les environs de Fontainebleau et se croit châtelain parce qu'il a deux girouettes sur deux tourelles efflanquées qui servent de pigeonniers. Or, tout châtelain doit chasser. M. Sébastien Gros-Mignon le sait, et malgré son ventre obtus, ses soixante ans et ses rhumatismes, il a résolu de devenir chasseur.

Il s'est d'abord muni d'un permis en règle, car il respecte les lois ; il a fait l'emplette d'un fusil *Lefaucheux*, d'une carnassière, d'une paire de guêtres, d'un paletot de toile jaune, d'une casquette ronde à large visière, et de deux chiens d'arrêt, qu'on lui a dit sortir des chenils impériaux ; — ce qui lui a coûté 600 fr. en belles espèces sonnantes.

Aussi, le jour de l'ouverture de la chasse, est-il allé, en grand costume, embrasser sa femme qui l'a trouvé superbe, et s'est-il mis en route en jurant, foi de chasseur ! de rapporter au moins deux lièvres, cinq ou six perdrix et trois douzaines de cailles.

— Nous régalerons, dimanche prochain, les Grandcolas et les Veauluisant, qui nous ont déjà fait deux ou trois politesses, a-t-il dit à M{une} Athénaïs Gros-Mignon.

— Oui, mon bichon a répondu cette dernière, en glissant dans une des quatorze poches du paletot jaune, un flacon d'eau de coing et deux tablettes de chocolat, mais prends bien garde de te mouiller, tu sais que le médecin te le défend expressément.

M. Gros-Mignon sourit dédaigneusement à cette recommandation, et deux heures après il faisait l'ascension d'une colline voisine, et se disait à part soi que tout n'était pas rose dans la métier de chasseur.

Les deux chiens Faraud et Civette, étaient à la piste ; tout à coup le premier tombe en arrêt ; son maître contient les battements de son cœur, arme son fusil, l'ajuste et fait feu au jugé.

Un épouvantable grognement se fait entendre, suivi bientôt des vociférations d'une douzaine de paysans. M. Gros-Mignon reste

pétrifié et se voit bientôt entouré d'une collection raisonnable de fourches et de bâtons.

Après quelques gros mots, les hommes par-
viennent à faire taire les femmes et l'on
s'explique : M. Gros-Mignon vient de loger
deux charges de plomb numéro 4 dans le dos
d'un magnifique porc qui se roulait volup-
tueusement derrière une haie et savourait
les glands tombés d'un chêne voisin.

Notre châtelain a le plus grand respect
pour la propriété ; il s'excuse de son erreur,
paie généreusement le dégât et continue sa
route.

Au bout d'une demi-heure, Civette, à son
tour, tombe en arrêt ; le chasseur pour éviter
un nouvel accident, s'avance doucement, et,
voyant dans les broussailles un animal roux
de la grosseur d'un lièvre, bénit son heureuse
fortune et vise la bête entre les deux oreilles.
Cette dernière tombe, M. Gros-Mignon se
précipite et parvient non sans peine à arracher un chat de la plus belle espèce à ses
deux chiens dont l'éducation cynégétique
était, paraît-il, assez défectueuse.

— L'honneur est sauf ! s'écrie-t-il.

Il dit, coupe la tête et la queue de l'animal,
le cache dans la poche de derrière du fameux
paletot, et rentre fièrement à la maison, où

il raconte à sa femme que la tête du lièvre a été emportée par le coup de feu et que sa queue est restée dans la gueule du chien.

Le dimanche suivant, les Grandcolas et les Veauluisant se régalaient d'un excellent civet et s'extasiaient sur l'adresse du chasseur improvisé.

— C'est un morceau de roi, disait Frédégonde Veauluisant en minaudant.

Je le crois bien, il coûtait plus de 700 fr., une fluxion et la plus belle courbature qu'honnête homme eût jamais attrapée.

Aussi, malgré les éloges reçus, éloges qui chatouillaient agréablement sa vanité, M. Gros-Mignon jugea que la chasse était une fatigue trop coûteuse, et qu'il valait mieux passer paisiblement les jours d'été avec ses fleurs, et les jours d'hiver avec Athénaïs, que de renouveler les exploits de Nemrod.

Ainsi fit-il, et il fit bien.

LA DISTRACTION

Toutes les fois que j'entre dans un salon dont le parquet est luisant comme une glace, je tremble en moi-même à la seule pensée des conséquences désastreuses que pourraient avoir une maladresse commise, un faux pas fait devant cinquante personnes qui ne cherchent sans doute qu'à faire de l'esprit à nos dépens.

Car il en est ainsi dans la vie ; les plus nobles qualités, les plus beaux talents, sont oubliés, du moment qu'on a pu rire de qui les possède. Il est ridicule et partant condamné.

J'ai connu l'an passé, un jeune homme riche, bien élevé, spirituel, instruit, qui avait fait au bal la *conquête* (pardonnez-moi, mesdames, cette expression surannée), qui avait dis-je, fait la conquête d'une charmante jeune fille, par ses talents au cotillon, sa suprême élégance, et surtout par les madrigaux poudrés et parfumés qu'il lui débitait soir et matin, avec des airs de jeune-premier. Il avait d'autre part séduit la mère par ses petits soins et ses attentions délicates, et le père en soutenant des discussions de la force de quatre Pouyer-Quertier sur le traité de commerce et l'équilibre européen.

Eh bien! une seule maladresse lui a fait perdre le fruit de six mois de galanteries et de conversations politico-financières. Je reçus en effet la lettre suivante dans les premiers jours de janvier 1872.

« Mon cher ami;

« Tout est perdu! les bans allaient être publiés dans huit jours, et j'avais dîné chez M. X... Léonie avait été plus gracieuse que jamais, et je faisais des rêves dorés, dont tu pourras juger quelque jour. Vers les dix heures, je me retirais suivi de toute la famille, lorsqu'à la porte du salon, mon pied glissa sur un grain de grenade, et je tombai le plus bêtement du monde, les mains en avant. Un éclat de rire partit derrière moi, je me relevai tant bien que mal et me retournai, en envoyant mon plus gracieux sourire. Toutes ces dames avaient disparu et mon futur beau-père était seul près de moi, pour me demander si je ne m'étais fait aucun mal.

« Le lendemain, quand je revins rendre ma visite quotidienne à Léonie, je fus étonné du changement qui s'était opéré en elle, elle sortit bientôt, et sa mère me dit le plus honnêtement du monde que jamais sa fille n'épouserait un homme capable de tomber d'une aussi ridicule façon, etc. »

Un de mes petits cousins à la mode de Bretagne, que, pour plus de commodité, j'appellerai Arthur, faisait depuis longtemps sa cour à une vieille parente quasi millionnaire, avare et dévote. Il pouvait à juste titre se croire l'héritier désigné et disait assez volontiers déjà : « ma maison, mes bois, mes rentes. » Or, la vieille parente avait un affreux caniche, sale et pelé, qui passait ses journées à dormir ou à grogner au coin du feu, couché sur un coussin de plumes. Un jour Arthur, chargé d'une affaire pressée, arrive tout essoufflé, embrasse sa parente et s'assied auprès d'elle. Un cri aigu se fait entendre, la vieille pâlit.— Horreur ! l'héritier avait, en posant sa chaise, écrasé le bout de la queue du caniche.

Le lendemain, lorsque Arthur se présenta chez sa parente, il trouva porte close ; les jours suivants, il en fut de même, et la dévote mourut quelques temps après, léguant son caniche avec 600 francs de rente à sa domestique, et le reste à deux couvents récemment établis dans les faubourgs de la ville.

Toutes les maladresses n'ont pas, il est vrai, d'aussi facheuse conséquence....., heureusement.

Et je veux, pour terminer plus gaiement, vous raconter la dernière que j'ai commise.

. C'était l'hiver passé, chez Mme la comtesse d'A..... (une grande dame qui tient sa plume aussi vaillamment que nos plus habiles journalistes), et l'on lisait un livre nouveauné, dont le succès ou l'insuccès m'intéressait au plus haut point..... et pour cause.

C'est vous dire que j'étais assez vivement ému..... Si bien que, je ne sais comment, je m'appuyai un peu trop sur le dossier de ma chaise mignonne et légère, et le dossier céda.

Jugez de ma confusion, je fais l'aveu de mon crime, aveu facile, puisque j'étais surpris en flagrant délit et demande quel sera mon châtiment.

— L'amende, répond la comtesse, et vous allez faire sur le champ un sonnet pour notre journal.

Je passe dans le cabinet ; je mets mon front dans ma main gauche, et.... quinze minutes plus tard, je reviens avec le sonnet suivant :

SONNET.

Vous ordonnez, madame la comtesse,
Que je vous fasse un sonnet bien tourné.
Pour raconter un chef-d'œuvre d'adresse
Dont je ne fus nullement étonné.

Ma vanité souffre, je le confesse,
De cet aveu, mais je suis condamné.
Je m'exécute, et malgré ma paresse,
Je vais rimer pour monsieur l'abonné !

C'était un jour, un soir, devrais je-dire ;
Le thé fumait et l'on venait de lire
Un conte bleu récemment édité ;

Cela m'avait troublé, ne vous déplaise,
Et je cassai le dossier de ma chaise
Pour faire croire à mon humilité.

Mon pardon me fut accordé sur-le-champ ;
j'espère donc, chers lecteurs, que vous me
pardonnerez aussi d'avoir causé si longtemps.

LA PARESSE

— Je vais vous parler de la paresse.

— Mais c'est un des sept péchés capitaux, va dire une charmante dame que je vois passer là, tout près, mollement étendue sur les coussins de sa voiture.

— Mon Dieu, oui, Madame. Eh bien, malgré cela, je vais en parler. Je sais bien qu'il est d'usage de jeter l'anathème à ce joli péché mignon, et l'on a raison peut-être ; tant de gens ne peuvent pas ou ne doivent pas être paresseux, et tant d'autres, s'ils n'étaient retenus, tomberaient si facilement de la paresse qui repose le corps et l'esprit et poétise l'existence, à l'indolence qui énerve ou au libertinage qui dégrade... Mais comme je n'ai pas de lecteur qui ne puisse être paresseux de temps en temps, ou qui risque de glisser sur la pente fatale, je puis, sans danger, faire l'éloge de la paresse...

Mon Dieu, oui, Madame, la paresse est chose bonne et utile ; c'est la mère des plaisirs

de bon goût et de toutes les élégances ; c'est
elle qui vous amène à Paris ou vous conduit
sur les bords de l'Océan. A la paresse sont
dues les fécondes rêveries, grâce auxquelles
l'idée germe dans le cerveau du poète ou de l'artiste, pour se transformer en chefs-d'œuvre,
quand viendront les heures d'activité. C'est la
paresse bienfaisante qui permet à l'homme
politique de débrouiller les fils qui serviront
bientôt à tisser la trame des projets qui feront
un jour, espérons-le, régner la justice sur la
terre. C'est la paresse qui, le dimanche, repose les membres fatigués du laboureur ou
de l'artisan, et leur donne de nouvelles forces
pour le travail de la semaine. C'est la paresse
qui vous conserve, Madame, ces mains fines
et blanches, ce visage frais et jeune. C'est la
paresse enfin, qui vous permet de choisir et
soigner ces toilettes qui font l'admiration de
tous vos adorateurs et que j'approuve fort,
dût l'ombre de feu Dupin tressaillir de cour-
roux ! — d'abord parce qu'elles sont charmantes, ce qui est une raison, et surtout parce
qu'elles font vivre une foule d'honnêtes ouvriers qui, sans elles... seraient condamnés à
la paresse forcée... triste chose, croyez-moi.

Donc la paresse est bonne et utile... prise à
propos et modérément. Tout le monde l'aime,

depuis la créole, qui fume des cigarettes, roulée dans son hamac, jusqu'à l'active parisienne, qui travaille pendant six jours pour avoir le droit de se mieux reposer le dimanche; depuis le lazzarone qui dort à l'ombre des palais napolitains, jusqu'au robuste moissonneur de nos campagnes, qui fait sa sieste, couché sur les gerbes dorées, pour pouvoir mieux continuer sa tâche, grâce à laquelle vous mangerez du pain, Madame.

Moi-même qui vous parle, je suis quelquefois paresseux, et je n'en rougis pas. Il me prend parfois des envies folles de laisser ma plume de côté et d'aller me coucher sur les bords de la Seine, fumer un cigare et rêver... aux pays bleus et roses de la fantaisie. Mais, au moment où je me lève pour sortir, la tête de Méduse apparaît... sous la forme d'un compositeur de l'imprimerie.

— « Monsieur, avez-vous de la copie ? Monsieur, mes épreuves sont-elles lues ? »

Alors je refoule mon désir, je me rassieds et je reprends mon labeur quotidien, dans le douteux espoir de vous procurer un instant de plaisir, et de voir, si jamais nous nous rencontrons dans un jour de paresse, éclore sur vos lèvres roses un gracieux sourire, seule récompense que j'ambitionne, Madame.

PORTRAIT

Raoul est grand, bien pris de taille, un peu gros peut-être ; ses mains sont blanches, son front fuyant, ses lèvres épaisses, son teint fleuri ; quand il sourit, il découvre une double rangée de dents bien plantées et bien entretenues : son regard est comme une glace sans tain, l'observateur chercherait vainement à y lire un sentiment quelconque.

Raoul est prétentieux dans son élégance, il porte des bijoux, et suit les modes avec une scrupuleuse exactitude.

Quand il passe, le front haut, saluant du bout du doigt et faisant craquer ses finés bottes vernies, les commis à 1,200 fr. se retournent, et les hommes de goût disent : voilà un fat.

Raoul n'a jamais fait de mal à personne ; peut-être en eût-il fait si son intérêt l'eût exigé ; il n'a point fait de bien, à moins que sa vanité y fût intéressée.

On le voit, du même air, accompaguer deux jeunes mariés à l'autel ou suivre le convoi funèbre d'un honnête homme.

Les jours de grande fête il est, le matin, à Saint-Eustache, où Mlle X... de l'Opéra doit chanter, et, si les quêteuses le connaissent, il glisse dévotement un napoléon dans la bourse de velours ; le soir, il va souper chez Flora et refuse un sou au malheureux qu'il rencontre en chemin.

Sa loi est l'égoïsme et sa vertu la vanité.

Raoul ne sait rien, je me trompe, il manie l'épée comme Pons, tire le pistolet comme Glais-Bizoin, fume vingt cigares et boit six bouteilles de champagne sans être incommodé, monte à cheval, gouverne un canot, joue tous les jeux connus, et possède le bagage de lieux communs nécessaires pour réussir dans un salon du demi-monde.

A-t-il de la fortune ? on n'en sait rien, mais il dépense, et certaines dames se le disputent.

D'où vient-il ? nul ne le sait. Où va-t-il ? il l'ignore lui-même.

Son rêve est d'épouser la fille d'un gros bourgeois dont la fortune lui permette de continuer sa vie dorée.

S'il y réussit, il entrera dans les affaires,

entretiendra une actrice, fera partie de plusieurs cercles très-sérieux, aura ses pauvres, prendra du ventre et mourra d'apoplexie.

S'il n'y réussit pas, il disparaîtra un beau matin. Quelques habitués du café Riche ou de la Maison d'or demanderont pendant trois ou quatre jours :

— Ha çà, qu'est donc devenu Raoul ?

— Fini, répondra un philosophe.

Et l'on n'en parlera plus.

UN MARIAGE PARISIEN EN 1872

LE DÉPART

Vers la fin du mois de mars dernier, je reçus un billet lithographié ainsi conçu :

« Mme et M. G.... ont l'honneur de vous faire part du mariage de M. Charles G.... leur fils, avec Mlle Henriette D...., et vous prient d'assister à la bénédiction nuptiale qui leur sera donnée dans l'église Saint-Louis, le samedi 6 avril, à midi précis. »

Plus bas, Charles G... avait ajouté :

« L'on dînera et l'on dansera chez Ledoyen; il est convenu que tu seras des nôtres. »

Je ne pouvais refuser l'invitation, je fis donc mes préparatifs et, le jour fixé, je me rendis chez le futur, irréprochablement vêtu de noir, ganté de frais, cravaté de blanc.

J'avais pris un air solennel tout-à-fait de circonstance. Je trouvai mon ami entouré d'un groupe d'invités, je lui serrai la main en bal-

butiant quelques mots de félicitations et nous
nous mîmes en route pour aller chez le beau-
père dont la demeure était d'ailleurs peu éloi-
gnée.

Un grand nombre de fiacres stàtionnaient
à la porte; les chevaux étaient fleuris et enru-
bannés.

Après une présentation rapide qui me donna
tout juste le temps de voir que la future, très
pâle et très émue, était charmante et portait
avec beaucoup de distinction sa robe de soie
blanche, que la demoiselle d'honneur regar-
dait ce qui ce passait avec un air qui pouvait
dire : « quand sera-ce mon tour ? » et que le
garçon d'honneur ressemblait étonnamment à
un huissier de la Sorbonne ou à un parfait notaire, nous montâmes en voiture.

J'avais auprès de moi un jeune homme très
bien mis qui faisait des *pointes* et une douai-
rière qui trouvait la mariée assez jolie, mais
lui faisait un crime de ne pas rougir à chaque
mot. J'eus donc à peine le temps de placer un :
«Oui, monsieur, — madame, vous avez raison»
et nous arrivâmes à la mairie.

A LA MAIRIE

On nous introduisit dans une grande salle,
au fond de laquelle, sous un buste, qui avait

la prétention de représenter la *République
française,* était une table couverte d'un tapis
vert. Devant cette table, un gros homme apo-
plectique, ceint d'une écharpe tricolore à
franges d'argent, était assis dans un fauteuil ;
c'était le premier adjoint de l'arrondissement.
Près de lui, un individu maigre et chauve se
tenait debout et feuilletait avec beaucoup de
soin une liasse de papiers.

Les chaises et les bancs étaient occupés par
une veuve qui souriait à son nouveau fiancé,
une pécheresse qu'un monsieur très mur
ramenait dans les sentiers de la vertu légale,
deux jeunes gens qui paraissaient fort in-
quiets, leurs témoins et leurs parents.

Nous prîmes place derrière ces trois *noces,*
et nous attendîmes ; notre tour vint bientôt.

Monsieur l'adjoint aspira lentement une
prise de tabac, et demanda si les papiers étaient
en règle ; sur la réponse affirmative de l'homme
chauve qui les lui présenta, il lut gravement
les articles du code concernant les devoirs
réciproques des époux, puis, relevant ses lu-
nettes et rajustant son écharpe, il fit un petit
discours on ne peut plus paternel et s'adres-
sant à Charles.

— Charles G...., lui dit-il, consentez-vous
à prendre pour épouse Henriette D....?

— Oui, monsieur, répondit mon ami.

— Henriette D...., consentez-vous à prendre pour mari Charles G....

— Oui, monsieur, murmura la jeune fille.

— Au nom de la loi, je vous unis.

— Ils sont joints par un adjoint, me dit à l'oreille, le jeune homme qui faisait des pointes ; voilà le mot de la journée, je l'enverrai au *Figaro*.

Pendant ce temps, les parents des mariés et leurs témoins signaient les registres de l'état civil ; quand ils eurent fait, M. l'adjoint aspira une nouvelle prise de tabac et sortit majestueusement, suivi de son secrétaire portant sa liasse de papiers. Et nous partîmes pour nous rendre à l'église.

A L'ÉGLISE

La mère de Mlle Henriette se nommait Marie, elle avait donc voulu que la cérémonie eut lieu dans la chapelle de la Vierge.

Deux prie-Dieu de velours rouge étaient placés devant l'autel ; les jeunes époux s'y agenouillèrent, et la messe commença.

A l'évangile, la demoiselle d'honneur se leva, et conduite par le plus jeune des invités, elle fit la quête pour les pauvres de la paroisse.

Mlle X... quête de l'argent pour les malheureux, et quête un mari pour elle, me dit le jeune homme qui faisait des pointes. Qu'en pensez-vous? je l'enverrai au *Figaro*.

La messe finie, le prêtre se dépouilla de ses ornements, puis, se retournant vers l'assistance, il fit un sermon bien senti sur la gravité de l'engagement que les deux conjoints allaient prendre et sur les devoirs que la paternité leur imposerait bientôt.

Après quoi il leur adressa les mêmes questions que M. l'adjoint, et sur leurs réponses identiques, il leur remit l'anneau conjugal et la pièce d'argent et leur donna la bénédiction.

Nous entrâmes alors dans la sacristie et chacun vint complimenter la mariée, plus pâle encore, s'il était possible, qu'en sortant de la maison paternelle.

Charles était grave et recueilli; les belles-mères embrassaient en pleurant leurs nouveaux enfants; les beaux-pères cherchaient du coin de leurs mouchoirs une larme qui ne venait pas; les matrones remarquaient que la jeune femme avait laissé *pousser* jusqu'au fond l'anneau conjugal et les invités se pressaient pour apposer leurs noms et prénoms sous les signatures des témoins.

Enfin tout fut terminé; Charles donna pour la première fois le bras à sa femme et, comme le temps rendait impossible la promenade traditionnelle au bois de Boulogne, on alla chez Ledoyen.

LA SOIRÉE

Après trois heures d'attente, nous fûmes introduits dans la salle à manger.

M. D. avait fait les choses en homme qui veut que l'on parle de lui; le dîner était somptueusement servi. Les deux nouveaux mariés se placèrent, à leur grand regret, en face l'un de l'autre, chacun s'assit au hasard et bientôt la conversation, échauffée par les vins généreux, généreusement versés, devint très-animée.

Au dessert, mon voisin, le jeune homme qui faisait des pointes, était d'une gaieté folle.

— Savez-vous, me demanda-t-il, pourquoi l'on boit tant aux repas de noces?

Et comme je ne répondais pas :

— C'est, reprit-il, pour arroser l'arbre du mariage. Pas mal, n'est-ce pas? Je l'enverrai au *Figaro*.

Puis il demanda un instant de silence, tira un papier de sa poche et lut avec une évidente satisfaction :

> Le bonheur dans le mariage
> Est un phénomène, dit-on,
> Aussi faut-il bien du courage
> Pour traverser le Rubicon
>   Du mariage.
>
> Mais lorsque d'une épouse sage,
> Le ciel bienveillant lui fait don,
> Un homme, sans crainte, je gage,
> Peut traverser le Rubicon
>   Du mariage.

Un murmure approbateur fit le tour de la table ; Mme Henriette rougit jusqu'au blanc des yeux ; Charles vint remercier le poète et lui demander la copie de ses vers.

Puis M. G. donna l'exemple en entonnant un couplet de circonstance, tout le monde chanta, les plus modestes ou les plus timides eux-mêmes se mirent de la partie, non sans s'être longtemps fait prier, et le répertoire lyrico-matrimonial des deux derniers siècles y passa entièrement.

Après le café, l'on se leva de table ; un grand salon avait été préparé pour le bal :

des banquettes étaient disposées le long des murs pour les personnes qui devaient faire galerie, et dans le fond, un monsieur préludait au piano, accompagné par un violon, un alto et un cornet à piston.

Aussitôt les jeunes gens s'empressèrent autour de la mariée pour lui demander qui un quadrille, qui une valse, qui une polka; le garçon d'honneur les recevait, fort occupé à inscrire sur son carnet les danses promises.

Pendant ce temps, les hommes sérieux qui s'étaient glissés dans une pièce voisine essayaient un modeste *bésigue*, ou risquaient un *écarté* à deux sous la partie en *cinq points secs*.

Et tous les quarts-d'heure un garçon faisait le tour de la salle pour offrir des rafraîchissements dont les dames, surtout, faisaient une étonnante consommation.

Vers les minuit, les jeunes époux disparurent mystérieusement et les danses continuèrent jusqu'à l'heure où

« Le jour naissant pénètre à travers les rideaux. »

L'orchestre alors plia bagage et les invités se dispersèrent pour rentrer chez eux,

« Les uns avec leurs femmes
Et les autres tout seuls. »

comme dit la chanson de Malborough.

Mais en me quittant, le jeune homme qui faisait des pointes me dit à demi-voix :

— Savez-vous quand deux ne font qu'un ?

— Dame...

— Le soir d'un mariage, parce que les époux ne sont plus que des *moitiés*. Superbe, celui-là ! je l'enverrai au *Figaro*.

Et il se mit à rire en se frottant les mains.

DE LA CAVE AU GRENIER

— Etes vous content de votre sort mon voisin ?

— Oui, me répondez vous. — Eh bien ! malgré cette assurance, je suis certain qu'il manque à votre bonheur... que sais-je ?... une charmante villa sur les bords de la Seine... cent mille francs à placer, n'importe où... le ruban rouge pour fleurir votre boutonnière ;.. et mille choses encore. Cher voisin, avouez-le, vos nuits sont quelquefois troublées par des velléités d'ambition ou des rêves d'amour. Allons ! ne rougissez pas ainsi. Vous n'êtes pas le seul mécontent et je gage que, dans notre beau Paris, il n'est pas un habitant riche ou pauvre qui ne se plaigne quelquefois. Vous souriez d'un air incrédule ? Vous avez tort, et pour preuve entrons dans une de ces maisons qui sont des palais, dans celle-ci par exemple. Prions la fée Mignonne de nous rendre invisibles comme feu Gigès d'aventureuse mémoire et parcourons les divers étages de ce que vous prenez peut être pour une succursale du Paradis.

Je lis sur les glaces du rez-de-chaussée.

AU PÉLICAN BLANC
LES PLUS VASTES MAGASINS DU MONDE
English spoken

Glissons-nous derrière ces belles dames et ces commis bavards,— bon,— nous sommes au centre de la place et rien ne peut nous échapper.

Voici le chef de la maison. Jadis sous-caissier à 1,800 francs, il est aujourd'hui millionnaire ; le sourire est stéréotypé sur ses lèvres ; trois mentons s'étagent sur sa large poitrine, ses joues sont fraîches, son nez légèrement rubicond et son ventre... Ah ! mon Dieu ! son ventre fut toujours si rebelle à l'alignement, que la compagnie dont il rompait ainsi les rangs, se vit forcée de le choisir pour capitaine.

En ce moment il cause avec un étranger non moins béat et non moins fleuri, écoutons :

« — Oui, mon cher, le gouvernement est un ingrat. Comment ? je suis à la tête de ma compagnie depuis dix ans et j'ai failli me battre contre les prussiens ; je gagne cent mille francs par an ; et je ne suis pas encore décoré ! c'est une ingratitude flagrante... »

La porte du cabinet se ferme, adieu les beaux discours ! et nous n'y perdons guère. Mais silence ! voici deux tartufes qui semblent comploter quelque bonne petite perfidie.

« — Voilà six ans que j'attends; ma patience est à bout. Cet imbécille de Frémond ne veut pas déloger. Il faut le pousser par les épaules. M. Landry a grande confiance en nous, tu le sais.

— Tu peux compter sur moi. C'est grand pitié, de voir des hommes comme nous languir auprès d'un comptoir, tandis qu'un crétin... »

— Quittons ces lieux où règnent l'égoïsme, la sottise et l'envie.

*
* *

Le concierge, étendu près du feu, dans un moelleux fauteuil, aspire à petites gorgées une tasse de moka fumant, tandis que, dans un coin de la loge, sa femme caresse d'une main un chat vieux et grondeur et de l'autre feuillette le dernier volume de *La Résurrection de Rocambole*, par le vicomte Ponson du Terrail.

Tout à coup elle ferme le livre et se retourne vers son mari, qui, de frayeur, recule avec le fauteuil, jusqu'au mur.

« — Comme çà, tu n'as rien obtenu ?

— Rien du tout, ma pauvre Thérèse.

— Et nous serons encore ici l'an prochain...
belle vie, en vérité... Mme Thérèse par ici !...
Mme Thérèse par là !... Le cordon s'il vous
plait. Quelle vie ! quelle vie !

— Que veux-tu ? j'ai fait ce que j'ai pu.

— Parlons en. Pourvu que le marchand
de vin, fasse crédit, monsieur resterait volontiers concierge toute sa vie.

— Mais...»

— Sauve qui peut, mon voisin et montons
au premier étage.

*
* *

Ces armes sont celles du comte et de la
comtesse de *** je les connais. M. le comte
est l'un des plus brillants cavaliers de Paris et
la comtesse, deux fois mère, est encore belle
comme le jour de son mariage. Pour le coup,
mon cher misanthrope, nous sommes chez des
heureux et vous avez perdu votre pari.

— Qui sait ? glissons-nous derrière ce canapé. On cause, je crois dans le salon voisin :

« — Tu n'es pas heureuse, Henriette ?

— Comment pourrais-je l'être ? ma bonne
cousine. Mon mari toujours au club, au bois
ou à l'écurie, ne rentre le soir que pour que-

reller tout le monde. Il ne daigne jamais sortir avec moi et sa jalousie est telle que je ne puis mettre le pied dehors sans avoir une scène au retour. »

Cette réponse est encore selon vos idées, mon cher misanthrope, et le comte mériterait ce que vous savez bien.

— Le voici, il est soucieux et se parle à lui-même.

« — O Charlotte, quand donc serais-je libre ? »

— Eh bien ! qu'en pensez-vous ?

— Montons plus haut.

*
* *

Nous sommes chez un riche bourgeois, propriétaire de la maison, sa femme est seule avec un beau jeune homme et paraît toute émue. Ce dernier vient de lui baiser la main qu'il presse tendrement sur son cœur.

« — Hermance, je vous aime.

— Taisez-vous, Léon, taisez-vous.

— Chère ange, sois à moi.

— Vous savez bien, Léon, que je ne le puis pas.

— Vous avez un mari, n'est-ce pas, un homme qui jamais n'a su comprendre ce qu'il

y a en vous d'idéale poésie? Hermance, vous
ne m'aimez pas.

— Que dites-vous, Léon? vous savez bien
que je vous aime.

— Prouve le donc alors, ou je meurs à tes
pieds.

— Non Léon, vis pour moi. Je brave tout ;
je suis à toi, toute à toi, je t'aime, je... »

— La porte s'ouvre, les deux amants poussent
un cri ; le mari paraît... que va-t-il se passer ?..
un drame ?... fuyons vite, cher voisin.

*
* *

Nous arrivons chez un artiste, un musicien
que j'ai vu, je crois, à l'orchestre de l'opéra.
Ses cheveux sont gris, son dos voûté, et l'âge
et le travail ont sillonné son front de rides
profondes. Il est au piano, et cherche un air
pour des paroles qu'il vient de recevoir.

« — C'est cela, c'est cela : do mi do ré do si
la sol — refusé ! on a refusé mon pauvre opéra-comique ! j'étais certain du succès pourtant, mi fa do si la sol — Un seul jour a ruiné
toutes mes espérances et me voilà condamné
à jouer jusqu'à ma mort, à la même place,
dans le même orchestre, do ré do mi si la —
Et cependant mon œuvre est belle, je le sens,

mi fa sol mi fa ré — J'irai demain chez un autre directeur; peut-être serai-je accueilli, peut-être la fortune daignera-t-elle enfin sourire à mes efforts et assurer le repos de ma vieillesse, sol fa mi la do ré. — Voyons la romance du premier acte, c'est le morceau que je préfère.

‹ Dans nos montagnes,
Jeunes bergers,
Gardez vos aimables compagnes
Des étrangers. ›

— Encore un mécontent du sort, et qui peut-être à raison; continuons notre visite.

*
* *

Le quatrième étage est habité par un étudiant, une grisette et deux jeunes mariés. Un peu de courage, cher voisin, et pénétrons chez l'étudiant.

Des pipes, des livres, des pipes encor... pas grand luxe et beaucoup de désordre, c'est bien cela... Notre homme est assis dans un coin... Il ne paraît pas satisfait et cause tout seul en fumant.

« —.Encore échoué... c'est la troisième

fois pourtant... que faire aujourd'hui? Pas le sou et plus rien à porter... chez ma tante... Une idée, si j'allais faire la cour à ma voisine!... — Etes vous seule, Mlle Clotilde?

— Hélas, oui! M. Charles.

— Eh bien! vous pleurez?

— Croiriez-vous, qu'Edouard m'a quitté sans me dire adieu? Le monstre! Et je n'avais que lui.

— Vous aviez tort. Mais je suis là, ô veuve inconsolable! et si vous voulez convoler avec moi, vous ne perdrez pas au change. Sans vanité, je suis assez joli garçon, très amoureux et suffisamment fidèle.

— Les hommes sont tous des trompeurs.

— Excepté moi, blonde Clotilde. C'est convenu, essuyez vos yeux bleus et plongeons nous dans les eaux de Léthé.

— Allons plutôt chez Vachette, j'adore le champagne.

— Hélas! beauté séduisante, *déficiunt vires*... ne faites pas attention. c'est une phrase latine qui veut dire : mon banquier m'a fermé sa caisse.

— Je plaisantais, M. Charles... rentrez chez vous. Que diraient les méchantes langues si l'on nous voyait ensemble, ce soir? Plus tard... nous verrons.

— Collage complet et débine carabinée...
tous les guignons à la fois.

— J'avais compté sur lui pourtant... bast !
la déveine cessera bien un jour et... j'épouse-
rai un cachemire. »

— La chambre de Clotilde est voisine de
l'appartement des deux jeunes mariés. Allons
chez eux.

Ils sont à table et tout annonce qu'il jouis-
sent d'une honnête aisance.

« — Hélas! oui, ma petite Marie, j'ai perdu
mes trois mille francs.

— Mais aussi, pourquoi jouer à la Bourse ?

— Pour devenir plus vite riche. Je voulais
pouvoir te donner plus de bien être ; je voulais
que tu n'aies plus besoin de travailler et de
gâter tes jolis yeux et tes petites mains blanches.

— Nous sommes bien avancés maintenant.

— Ne te désole pas ma chérie. Je travail-
lerai un peu plus, nous économiserons et...

— Economiser, économiser ! dirait-on pas
que nous jetons l'argent par les fenêtres.

— Voyons, calme toi et viens m'embrasser.

— Tenez, monsieur, je n'ai qu'un regret,
celui d'avoir refusé notre voisin, l'agent d'affaires. Il est riche et pas avare, et j'aurais été
heureuse avec lui. »

Le mari se lève les larmes aux yeux, et sa femme passe dans la chambre où dort son enfant.

« — L'agent d'affaires promet cent francs par mois, si je veux être sa maîtresse... tant pis pour mon mari, j'aurai un amant et la petite femme d'en face ne m'éclaboussera plus avec ses toilettes. »

*
* *

— Vous avez vu, mon voisin, vous avez entendu, et j'ai gagné notre pari. Avouez-le donc, vous aussi vous désirez quelque chose.

— Diable d'homme ! on ne peut rien vous cacher.

— Que désirez-vous donc ?

— Je voudrais être Député.

LES SALTIMBANQUES

Ran tan plan, plan ! ran tan plan !

— Mesdames et Messieurs, jaloux de conquérir l'approbation de mes concitoyens, j'ai complété mon admirable collection d'animaux féroces, vivants et non vivants. J'ai fait d'immenses sacrifices pour enlever à l'avide Germanie le grrrand serpent cochinchinois, qui mange un bœuf à son déjeûner, le jour de la Saint Sylvestre et dort le reste de l'année, et le magnifique lion japonais qui ne vit que de confitures. Ces animaux prodigieux ont été récemment découverts par M. Barnum, célèbre naturaliste américain.

Pendant le repas du lion japonais, Mlle Paméla, dite la *Perle du Congo*, dansera le pas des guirlandes sur la corde raide, avec ou sans balancier, et M. Hercule Croquefer portera des kilog^s de la plus grosse espèce.

Pour mettre à la portée de tous la visite de cette ménagerie sans pareille et contribuer selon mes faibles moyens au bonheur de l'humanité, j'ai fixé le prix d'entrée... non pas à 20 francs, comme au couronnement de l'empereur d'Ethiopie glorieusement régnant; non pas à 10 francs, comme à l'exposition universelle... non pas à 5 francs, non pas à 4, non pas à 3, non pas même à 50 centimes... à 2 sous! oui, Messieurs, à 2 sous! on ne paie qu'en sortant.

En avant la musique! »

Voilà ce que j'entendis l'autre jour dans une fête aux environs de Paris. Je haussai d'abord les épaules; puis, il me vint à l'idée que tous les saltimbanques n'étaient pas sur des tréteaux, en costume de Paillasse ou de Robert Macaire, et que ces gens-là, qui faisaient tristement un triste métier, valaient bien après tout nos messieurs en habits noirs ou en paletots jouant la parade sur la grande scène du monde.

Dès lors, les oripeaux fanés et les outrecuidantes réclames de ces pauvres diables me parurent moins ridicules.

Saltimbanques! Eh! mon Dieu! j'en connais tant sur terre, depuis le démagogue qui escamote les fonds des souscriptions dites patriotiques, jusqu'à l'aventurier qui escamote un ministère.

Saltimbanque, cet homme de lettres qui, tous les huit jours, accorde sa lyre pour chanter ses louanges et vanter son génie méconnu.

Saltimbanque, ce grand homme improvisé qui promet son appui à quelque pauvre débutant, et, six mois plus tard, lui avoue ingénûment qu'il n'a pu trouver un instant pour s'occuper de lui.

Saltimbanque, ce prétendu érudit qui publie quatre volumes in-octavo sur la cuvette de Cléopatre ou sur le nombre de vers composés par Mévius.

Saltimbanque, ce docteur qui fait imprimer à la quatrième page des grands journaux les remercîments des malades qu'il n'a pas guéris.

Saltimbanque, cet homme de loi qui fait traîner pendant six ans un procès, dont il s'occupe en sablant le champagne que paie le malheureux plaideur.

Saltimbanque, ce commerçant qui fait annoncer une grande liquidation et la vente de 1,562,983 francs 85 centimes de marchandises, à 50 0/0 au-dessous du cours.

Saltimbanques, le roi Guillaume et Bismarck, son digne ministre, qui volent et tuent en invoquant le droit des gens.

Saltimbanques, les fanatiques de toutes les

sectes, qui se damnent réciproquement, par charité, et les athées qui prétendent escamoter Dieu.

Saltimbanques, D. B, le marchand de farine merveilleuse, et Mme de St-Hubert qui, veuve de son trentième époux, file le parfait amour avec un échappé de côllége, dans un boudoir de la rue Bréda.

Saltimbanques!!! Tous les hommes le sont un peu, ne fût-ce que le jour où, pour tromper une belle héritière, on fait l'homme sérieux et l'on vante sa fortune qui, grâce aux *erreurs* de jeunesse, n'existe plus, hélas! que sur le papier.

Allons! mes bons amis, en avant la musique!

ÉLOGE DE LA GOURMANDISE

Pourquoi faire l'éloge de la gourmandise ? allez-vous me dire.

Par reconnaissance et par dévouement, chers lecteurs.

Par reconnaissance pour cette bienfaitrice de l'humanité et pour ses favoris qui tous nous ont laissé quelque noble découverte ou quelque sublime invention, et par dévoûment pour vous que je voudrais entraîner à sa suite.

N'est-ce pas elle, en effet, qui fait le bonheur des hommes? Demandez-le plutôt à François Rabelais.

Devenez donc gourmands, et, pour cela, lisez d'abord les fastes de la gastronomie ; elles vous feront bénir votre siècle et c'est quelque chose, tant de gens sont toujours à crier que le monde s'en va et qu'heureux furent les temps passés.

Vous laisserez de côté l'histoire de notre mère Ève, plus curieuse que gourmande ; celle du bon Esaü qui vendit son droit d'aînesse pour un plat de lentilles (fi donc!) et la description des festins par trop primitifs que les héros d'Homère se donnaient sous la tente. Vous passerez même rapidement sur les jardins du bon Alcinoüs pour arriver de suite aux temps heureux où la gourmandise fut servie à la fois par l'art et par la nature.

Epanouissez-vous donc, lecteurs, au souvenir de ces repas fantastiques qui duraient plusieurs jours et pendant lesquels on voyait passer tour à tour, sur les tables, les cigales athéniennes et les miels de l'Hymette, les plats de langues de rossignols, de talons de chameau et de trompe d'éléphant, les turbots de la Méditerranée, les murènes des viviers romains et les fruits de la Perse, de l'Asie Mineure, de la Grèce, de l'Afrique, de l'Espagne et de l'Italie. Epanouissez-vous surtout en vous représentant les vastes *cœnationes* et les *triclinia* luxueux où les coupes d'or pleines de Falerne et de Massique circulaient parmi les convives couronnés de fleurs et inondés de parfums, pendant que les *subligati* agiles exécutaient leurs curieux exercices et les *saltatrices* demi-nues dansaient au son de la flûte.

Epanouissez-vous, lecteurs, en vous rappelant ces belles choses et puis... consolez-vous de leur perte en savourant les chefs-d'œuvre des cuisiniers français... les premiers cuisiniers du monde vous le savez.

Faites-vous servir sur la nappe blanche comme de la neige et dans des plats de porcelaine, les poulardes du Mans bourrées de truffes du Périgord, les pâtés de Strasbourg ou de Chartres, les jambons d'Yorck ou de Bayonne, les saucissons d'Arles, les faisans dorés ou argentés, les confitures de Paris, les primeurs, les fruits des quatre parties du monde, les huîtres de Cancale ou d'Ostende et les poissons de tous les fleuves, de tous les lacs et de toutes les mers? Faites couler dans vos coupes de cristal, les flots de rubis du Château-Margot et du Clos-Vougeot, les flots d'or du Madère et du Marsala et les flots d'argent du Sillery et du Moët et Chandon. Puis vous siroterez l'ambroisie de Moka et le feu liquide de Cognac, au milieu des nuages de fumée qui s'élèveront en spirales bleues de vos havanes et de vos londrès.

Vous n'aurez, il est vrai, ni *subligati* ni *saltatrices*, mais autour de vous seront réunis de francs et joyeux convives et de ces fines parisiennes qui mangent avec tant de goût et causent... comme on ne cause qu'à Paris.

Vous le voyez, nous sommes, quoi qu'en disent les philosophes grincheux au beau siècle de la gourmandise et je m'en réjouis. Gourmand moi-même j'adore ces bons gastrophiles, dont je contemple, non sans quelque envie, les joues vermeilles, les triples mentons, les yeux brillants et les ventres... majestueux.

Ces gens là, je vous assure, ne feront jamais de révolution ; ils ne se jetteront pas dans les roueries de la politique ; ils n'iront pas dormir aux drames de M. Dennery, ne liront pas les mémoires de Thérésa et ne tueront jamais leurs femmes... par jalousie ; mais ils auront toujours table ouverte pour les pauvres diables de gens d'esprit, assez deshérités pour ne pouvoir être gourmands à leurs propres dépens.

Ventre plein, cœur généreux.

Du reste, il n'est pas de rivalités parmi eux, et la *liberté*, l'*égalité*, la *fraternité* et la *justice*, dont parlent tant nos démagogues et nos journalistes, n'existent réellement que chez les gastrophiles qui n'en parlent jamais.

Cela ne prouve-t-il pas que la gourmandise est une bonne chose et que j'ai raison de faire son éloge :

Quod erat demonstrandum.

LES VENDANGES

Les vendanges sont commencées ; sur les côteaux on voit garçons et filles semés au travers des pampres, courbés sur leurs paniers ou sur leurs *gerlots*, pendant que de vigoureux jeunes hommes portent sur leurs épaules les *bennes* pesantes. De tous côtés l'on entend les chansons des paysans, les mugissements des bœufs, le roulement des charrettes, qui mènent le raisin à la cuve. L'année est féconde, et la liqueur qui depuis Noë donne la joie à l'humanité, coulera abondamment des pressoirs, enfermant dans les tonneaux les chauds rayons du soleil de 1872.

Pendant toute la saison, le vigneron a anxieusement observé ses vignes, car il craignait l'oïdium qui norcit les rameaux et fait crever le grain, la pluie qui fait couler la fleur et le soleil qui grille le raisin ; il a épié avec terreur le ciel aux jours d'orage, car la grêle pouvait lui ravir en une heure l'espérance de toute une année. Maintenant, les soucis se sont envolés, car il tient sa récolte, et peut déjà calculer ce qu'elle apportera dans la famille de bien-être pour le présent et de sécurité pour l'avenir. Et pendant ce temps, les vendangeurs qui ont fini leur journée quittent la table, et préparent la salle où l'on va danser au son de la vielle ou du fifre, et chanter des chansons.

Car il n'est pas de sujet plus souvent chanté que la vigne ; n'avons-nous pas parmi les chansons des dernières années, celle de Nadaud :

> Eh bien ! la liqueur
> De ce bon docteur
> Est le jus d'une racine,
> Qui vient du Pérou,
> De je ne sais où,
> De Golconde ou de la Chine ?
> Non, c'est du raisin
> Qui pousse dans la campagne,
> Et qui fait du vin
> D'Argenteuil ou de Champagne,

Celle de Pierre Dupont :

> Cette côte à l'abri du vent
> Qui se chauffe au soleil levant
> Comme un vert lézard, c'est ma vigne.
> Le terrain en pierre à fusil
> Résonne et fait feu sans l'outil ;
> Le plan descend en droite ligne

Du fin bourgeon qui fut planté
Par notre bisaïeul Noë.

Et encore celle-ci, s'il est permis de se citer soi-même après ceux qui furent les maîtres de la chanson, à la mort de Béranger :

Sur nos côteaux, les vendangeuses
Vont en chantant leur gai refrain,
Cueillir les grappes savoureuses
D'où couleront des flots de vin.
Ce soir les cuves seront pleines,
Et l'écume débordera ;
Vignerons oublions nos peines,
C'est la vigne qui les paiera !

On ferait un énorme volume, si l'on voulait seulement donner un couplet de chacune des chansons inspirées par la vigne et le vin aux poètes de toutes les époques ; et cela se comprend, chacun d'entre eux, riche ou pauvre, célèbre ou inconnu, a voulu payer son tribut de reconnaissance à la liqueur qui faisait la joie de ses festins, qui le soutenait dans ses travaux, le consolait dans ses peines, et lui faisait voir tout en rose.

Et maintenant, pour terminer, une anecdote :

Nous étions allés, il y a deux ou trois ans, rendre visite à Jules Janin, un ami et moi. Après une assez longue conversation avec le célèbre critique, nous nous levâmes pour nous retirer :

—Mes amis, nous dit-il alors, le journalisme devient agressif, méchant, et cela tient à la fréquentation des cafés. Autrefois nous buvions du vin, et si quelquefois nous étions *en gaîté*, la santé de l'esprit et du corps n'avait pas à en souffrir. Aujourd'hui, nos jeunes confrères boivent de la bière qui les alourdit, du café qui les énerve, de l'absinthe qui peut les rendre fous. Est-il étonnant que la bienveillance et la générosité deviennent choses si rares ?

Puis, avec le sourire que tout le monde lui connaît :

— Mes amis, nous dit-il en véritable disciple d'Horace, mes amis, buvez du vin.

Et j'ajoute : dans un pays qui produit les vins de Bordeaux, de Bourgogne, de la côte du Rhône, de Champagne, de Mâcon, etc., c'est une honte de se laisser envahir par les prétendues bières de Bavière et d'autres lieux.

Laissons la bière aux Allemands et buvons du vin.

LES PÊCHEURS A LA LIGNE

Un dimanche de septembre, toute une société, dont votre serviteur faisait partie, était allée pêcher à la ligne.

— Vous riez, Madame, vous avez tort, je vous assure. La pêche à la ligne est le plaisir des philosophes, parce qu'ils ont beaucoup de patience, et des gens d'esprit, parce qu'ils savent se suffire à eux-mêmes, et, s'ils ne prennent pas de poisson, se dédommager de leur mauvaise chance, en laissant leur esprit se perdre dans les méditations les plus profondes.

Je ne voudrais pas que vous crussiez que ce petit préambule ait pour but de me ranger dans la catégorie des gens d'esprit, mais je dois avouer, que le dimanche en question, tout en regardant le flotteur de ma ligne inutilement balancé à la surface de l'eau, sans être jamais entraîné par les efforts du moindre goujon, je me pris à songer.

Je songeai que l'humanité presque entière se compose de pêcheurs à la ligne, plus ou moins savants dans le choix de leur lieu d'opération, et plus ou moins habiles à amorcer leurs lignes destinées à prendre tout autre chose que du poisson.

Ce grand personnage, raide et gourmé, qui pose avec patience dans une antichambre, attend une ambassade ;

Ce négociant voudrait bien pêcher la fortune ;

Cet écrivain, la gloire ;

Ce jeune homme, un amour doré ;

Ce pauvre diable, le moyen de dîner tous les jours et de souper de temps en temps.

Et tous surveillent attentivement leurs lignes perpétuellement tendues. Quelquefois, elles mordent, et le pêcheur revient triomphant au logis. Le plus souvent, ce dernier arrive bredouille à la fin de sa vie, mais il ne perd pas tout espoir, et la main tremblante du vieillard tient encore sa ligne, pendant que son œil à demi-éteint surveille le flotteur.

J'en étais là de ma très-profonde et très-lumineuse comparaison, quand on me frappa sur l'épaule.

C'était un de mes compagnons de pêche, qui me faisait remarquer que si ma ligne ne prenait rien, en revanche mon chapeau prenait l'eau, car il pleuvait depuis un instant, et je risquais fort de rapporter pour tout butin, à Paris, un magnifique rhume de cerveau.

Je me levai, je ramassai mes engins, et je courus d'un trait à la voiture qui devait nous ramener. On me plaisanta quelque peu sur mes distractions, mon lorgnon, mes cheveux hérissés et mes allures de pêcheur novice. Je reçus les quolibets avec patience, d'abord parce qu'ils étaient spirituels et que l'esprit a tous les droits, ensuite parce que je me dédommageai, en remarquant, *in petto*, que je n'avais été ni plus ni moins malheureux que mes confrères en pêcherie.

Une heure après, nous arrivions aux fortifications, bredouilles et mouillés.

Chacun de nous acheta de quoi réparer les torts de la fortune, et l'on rentra triomphant à la maison. Les poissons achetés furent jetés dans la poêle : l'on se mit à table, on dîna avec un appétit aiguisé par la promenade matinale, et l'on fut doublement heureux, de satisfaire sa gourmandise d'abord, car tout pêcheur comme tout chasseur doit être un peu gourmand, et d'être loué sur son adresse, ensuite.

7

Et maintenant, si quelqu'un me demande ce que je pense, mais là, sincèrement, de la pêche à la ligne :

> « Je répondrai, Madame, avec la liberté
> D'un rimeur qui sait mal farder la vérité. »

Je répondrai que j'en suis fanatique ; mais à la condition d'être en joyeuse compagnie, sous un bouquet d'arbres touffus, avec un déjeûner délicat et des vins généreux ; à la condition surtout de pouvoir, le festin terminé, deviser en fumant un cigare, pendant que les lignes déposées sur la rive, pêchent toutes seules, ou semblent pêcher.

La pêche à la ligne ! quel joli prétexte à parties de campagne, repos sur l'herbe et conversations politico-littéraires ! Voilà mon opinion.

Après cette audacieuse profession de foi, je crains fort d'être excommunié par tous les pêcheurs à la ligne des cinq parties du monde.

Aussi, pour faire preuve d'orthodoxie et m'assurer au moins l'absolution *in articulo mortis*, j'ai composé ce matin :

LES COMMANDEMENTS
DU PÊCHEUR A LA LIGNE

> Dès le matin tu secoueras
> Le sommeil intrépidement ;

Dans la Marne tu pêcheras
Toujours invariablement;

Quand toutefois tu le pourras
Sans violer le réglement;

Du vrai pêcheur admireras
L'adresse très-dévotement;

Petits poissons tu pinceras
Et garderas aveuglément;

Mais après les gros tu courras
Toujours bien inutilement;

Rhumatismes attraperas
Et coups de soleil mêmement;

Et des susdits tu guériras,
Si tu le peux certainement;

Mais tes engins tu soigneras
Plus que toi-même assurément;

Et les gardes aborderas
Toujours respectueusement.

Et maintenant à la grâce de Dieu.

LE BAL DE L'OPÉRA

L'étranger qui s'attarde au boulevard des Italiens un samedi de janvier, vers minuit, voit une foule bigarrée se diriger du côté de la rue Le Peletier. Les fiacres et les voitures de remise suivent à la file le milieu de la chaussée, tandis que la jeunesse dorée... par le procédé ruolz, encombre les trottoirs, cachant ses costumes de louage sous d'amples pardessus et marchant sur les pointes des pieds pour ne pas souiller ses pantalons noirs ou ses bas blancs.

Pendant ce temps, des troupes de badauds stationnent près des colonnes à gaz et regardent passer des chapeaux gibus et des capuchons, afin de pouvoir dire le lendemain matin :

— Je suis allé à l'Opéra cette nuit; il y avait des toilettes magnifiques et des femmes charmantes.

Si l'étranger, poussé par la curiosité, suit le flot des passants, il arrive bientôt devant le théâtre de l'Opéra, verse au guichet les dix francs réglementaires, traverse le vestibule, monte l'escalier, au bas duquel se tiennent majestueux les huissiers à chaîne d'acier, et pénètre dans le sanctuaire.

Strauss est à son poste; debout, le bâton de chef d'orchestre à la main, il inspecte ses musiciens, inquiet, affairé comme un général qui va livrer bataille.

Dans la salle se presse une foule compacte : petits crevés le lorgnon à l'œil, provinciaux gênés dans leurs habits d'emprunt, vieux beaux frisés et fardés, lorettes aux riches costumes, grisettes aux oripeaux fanés, petites bourgeoises en dominos noirs (il y a longtemps que les grandes dames ne viennent plus nouer d'intrigues à l'Opéra). Les galeries se garnissent; chacun veut voir ou être vu ; on cause, on crie, on se bouscule, et les groupes qui craignent la cohue se glissent discrètement dans les loges.

Tout à coup le signal est donné et le bal commence, d'abord sage et réservé, puis ardent, échevelé. Valses de Strauss, quadrilles de notre pauvre Wagner, mort si tristement pendant le siége de Paris; polkas, schottishs, mazurkas, se succèdent sans interruption. La poussière forme un brouillard au-dessus des têtes ; la musique et les parfums qu'exhalent un millier de chevelures féminines enivrent ceux même qui sont venus là pour servir de comparses ; on se livre aux fantaisies chorégraphiques les plus invraisemblables et la salle devient un véritable *pandémonium.*

En même temps, les petits crevés et les vieux beaux paradent au foyer ; le magicien et le paysan traditionnels circulent au hasard, semant sur leur passage les coq-à-l'âne saugrenus et les fades quolibets ; les dominos roses ou bleus poursuivent les messieurs bien vêtus, qu'ils cherchent à intriguer, en leur glissant à l'oreille cette phrase qui n'engage à rien :

— Je te connais, beau garçon.

A quoi ces messieurs répondent invariablement :

— Et moi aussi, joli masque.

Les gens positifs dorment sur les banquettes ou vont se rafraîchir au buffet, et les gardes de Paris veillent gravement pour la défense de la morale publique et la répression des audaces non autorisées par la consigne municipale.

Bientôt la *furia* tombe devant la fatigue ; pierrots, débardeurs et chicards errent tristement dans les couloirs, cherchant quelque

coin où reposer loin des huissiers qui les surveillent, car ils sont payés pour s'amuser et
ils doivent s'amuser. Les quadrilles s'éclair-
cissent et, quand vient le *galop infernal*, les
fanatiques seuls entraînent leurs danseuses
harassées.

Enfin, l'heure a sonné, l'orchestre se retire
et la sortie commence. Les masques sont ôtés,
le fard est tombé et les visages pâlis par l'in-
somnie paraissent livides aux ternes lueurs
du gaz mourant. Chacun se garantit du froid
ou se défend de la pluie aussi bien que possible
et l'on se disperse, les uns pour aller souper
en joyeuse compagnie, les autres pour se
glisser furtivement dans le domicile conjugal
et le plus grand nombre pour regagner leurs
mansardes et se réconforter avec du vin à
seize sous le litre et des marrons rôtis qu'ils
ont achetés la veille.

Et tous de dire à leurs voisins :

— Vous êtes-vous amusé? — Non. — Ni moi
non plus. Le diable emporte l'Opéra !

Ce qui ne les empêchera pas d'y revenir le
samedi suivant, pour voir les mêmes masques,
suivre les mêmes intrigues idiotes et s'ennuyer
pendant cinq heures... dans l'espérance de
s'amuser.

Il faut bien fêter le carnaval !

LES PATINEURS A PARIS

Chaque saison a ses plaisirs ; l'hiver lui-même, si dur pour quelques-uns, offre aux favorisés du sort, outre le coin du feu cher aux poètes ainsi qu'aux amoureux, les fêtes dramatiques, les bals, les concerts, la chasse et le patinage. Ce dernier, il est vrai, n'est que rarement à la portée des Parisiens, mais il n'en compte pas moins ses fanatiques, et tout le monde se rappelle l'inconnu qui patinait il y a quelques années sur l'asphalte de la place de la Concorde, par un moyen analogue à celui qu'emploient les corps de ballet de l'Opéra et de la Porte-Saint-Martin.

Or, pendant la première semaine de 1868, il a fait, heureusement ou malheureusement, cela dépend de la manière dont on envisage la chose, un temps à souhait pour les amateurs de cet exercice hyperboréen. Le thermomètre est descendu à douze degrés au dessous de zéro, la Seine a été prise dans toute sa largeur, et les bassins et lacs de nos promenades ont présenté une croûte assez épaisse pour supporter un grand nombre de personnes.

Ils ont donc immédiatement été envahis, et le lac du bois de Boulogne a vu accourir tous ceux qui, dans le monde élégant des patineurs et des patineuses, n'étaient pas retenus par les fêtes du premier de l'an.

Un jour surtout, la grande avenue était sillonnée par les équipages, et pendant que les pauvres canards, effrayés de voir tant de monde sur leur domaine, se réfugiaient dans un coin solitaire, les loueurs de patins exposaient leur marchandise sur la berge, les sergents de ville défendaient l'approche des endroits dangereux, et la foule s'élançait avec ardeur sur la surface du lac, unie et transparente comme un miroir et solide comme un bloc de marbre.

Ici, la gracieuse marquise de V..., à moitié cachée par ses fourrures, glissait nonchalamment assise dans un traîneau poussé par un jeune attaché d'ambassade qu'elle protégeait alors.

Là, mademoiselle X.., l'une de nos étoiles dramatiques, les mains dans un manchon de marte zibeline, se balançait audacieusement sur ses patins et faisait l'admiration de tous ceux qui l'environnaient.

Un jeune homme écrivait sur la glace deux lettres... deux initiales, sans doute... que lui seul pouvait lire, car elles étaient aussitôt effacées par un groupe qui passait rapidement en se donnant la main.

Un étranger vêtu d'une pelisse et d'un bonnet fourrés d'Astracan, traçait de capricieuses arabesques, et, plus loin, un financier, bien connu dans le quartier de Notre-Dame-de-Lorette, essayait vainement d'équilibrer son large abdomen et tombait lourdement, aux éclats de rire de la galerie et surtout d'une troupe de gamins qui se trouvaient là, comme partout où il y a quelque chose à voir et quelque malice à lancer.

Grandes dames et demi-grandes dames, reines de coulisses ou reines de boudoir, grands seigneurs de salon et grands seigneurs de la Bourse, élégants du boulevard et jeunes beaux de la rue des Jeûneurs, se coudoyaient au hasard, les uns timides et gauches, les autres pleins de hardiesse et fiers de leur habileté.

Et pendant ce temps de nombreux spectateurs restaient sur les bords, comme Louis XIV qui, dans l'épître sur le passage du Rhin :

Se plaint de sa grandeur qui l'attache au rivage ;

avec cette différence qu'ils ne pouvaient se plaindre que de leur ignorance ou de leur poltronnerie.

Sur les quatre heures environ, la foule reprit le chemin de Paris, laissant le champ libre aux patineurs infatigables. Parmi ces derniers se trouvait la belle vicomtesse de L..., qui promenait depuis dix-huit mois, dans les salons du faubourg Saint-Germain et du faubourg Saint-Honoré, son veuvage doré, et qui, à vingt-quatre ans, avait juré, dit-on, de garder sa liberté et de rester fidèle au souvenir de son premier mari.

Vêtue d'une *polonaise* de velours noir, bordée de peau de renard, elle glissait avec une légèreté de sylphide, quand l'un de ses pieds heurta un caillou, qu'une main malfaisante venait de jeter sur la glace ; elle perdit l'équilibre et tomba la tête en avant.

Heureusement M. M..., l'un des jeunes artistes dont nous avons tous admiré les œuvres aux dernières expositions des Beaux-Arts, se trouvait là... par hasard. D'aucuns prétendent qu'il suivait depuis longtemps la vicomtesse, dont les magnifiques yeux noirs lui servaient d'étoiles polaires. Quoi qu'il en fût, il se trouvait là fort à propos. Il saisit la belle patineuse par la ceinture et fut assez adroit pour l'arrêter dans sa chute ; puis il lui offrit respectueusement le bras et la conduisit à sa voiture.

Remercîments pleins d'effusion de madame de L..., qui reconnut l'artiste pour l'avoir rencontré dans plusieurs soirées, et se souvint même d'avoir valsé avec lui au dernier bal de l'ambassade d'Autriche.

Elle lui fit promettre de venir causer chez elle tous les vendredis, jour où elle réunissait ses amis intimes.

Il n'eût garde d'y manquer, et dès le lendemain il se rendit rue... la discrétion m'empêche de la nommer.

Tous ceux qui connaissent M. M..., savent qu'il est fort bien de figure et qu'il a beaucoup d'esprit ; il est toujours, d'ailleurs, irréprochablement ganté et porte l'habit noir d'une manière tout aristocratique. Il n'en faut pas davantage pour faire oublier à une jeune veuve, dont on a peut-être sauvé la beauté, les plus fortes résolutions d'insensibilité. Aussi, personne ne s'étonna, lorsque trois mois plus tard, on vit les plus grands noms de la noblesse et des arts réunis à Saint-Philippe du

Roule, pour assister au mariage de M. M...
avec la vicomtesse. Quelques douairières
crièrent à la mésaillance, mais qu'importe ?
les jeunes époux sont heureux et je gage que
plus d'une fois à l'avenir ils iront patiner
ensemble.

UN MONSIEUR QUI FAIT DES GÉRICAULTS

Tout le monde connaît l'histoire d'Alcibiade et du grammairien qui lui présentait un *Homère* tout entier corrigé de sa main.

— Eh quoi! répondit le disciple de Socrate, tu prétends corriger Homère?

Et il donna un soufflet à l'outrecuidant personnage.

La même chose à peu près m'arriva l'an passé, mais je ne souffletai personne, car je ne suis pas Alcibiade, et les lois de ma belle patrie ne tolèrent pas ce moyen assez brutal de corriger un sot, fût-il même quelque peu fripon.

C'était au Louvre, à l'heure où les artistes encombrent les galeries; je venais d'entrer dans le salon carré avec un peintre de mes amis et j'admirais le tableau qui rend d'une si énergique façon les angoisses des naufragés de la *Méduse*, lorsque, brisés par la souffrance et dévorés par la faim, ils voient paraître à l'horizon la voile d'un navire.

— Regarde, me dit mon ami.

Et son doigt indiquait un homme de haute taille et vêtu d'une vareuse de velours sur le collet de laquelle tombait une épaisse chevelure noire.

Cet homme était debout devant un chevalet et travaillait avec ardeur.

Je m'approchai de son tableau, qui était presque terminé, et je vis avec étonnement une composition hétéroclite dans laquelle étaient diversement groupées toutes les parties du chef-d'œuvre de Géricault.

Du reste, la manière du maître était imitée aussi bien que pouvait le faire un homme assez mal doué pour ne voir que la surface d'une peinture et n'en pas comprendre l'esprit.

En ce moment, l'auteur de cette bizarre élucubration se retourna; il reconnut mon ami, et, le saluant avec une obséquieuse politesse :

— Permettez-moi, Monsieur, dit-il d'une voix mielleuse, permettez-moi d'avoir l'honneur de vous présenter mes civilités.

— Vous faites ceci pour la prochaine exposition? lui demandai-je, en examinant attentivement son travail.

— Pardonnez-moi, Monsieur, répondit-il en s'inclinant jusqu'à terre, pour l'exposition je garde mes œuvres originales, et ceci est un *Géricault* destiné au commerce..

Et comme je paraissais ne pas comprendre du tout.

— Monsieur est-il peintre ? reprit-il.

— Je n'ai pas cet honneur.

— Alors, il n'est pas étonnant que vous n'ayez pas saisi ma pensée. Je fais des *Géricaults*... C'est ma spécialité.

— Ah ! c'est votre spécialité.

— Oui, continua-t-il sans s'apercevoir de l'ironie de mes paroles ; j'ai étudié la manière du maître, et je suis parvenu à l'imiter assez bien, comme vous pouvez en juger. Avec un groupe de personnages pris dans un tableau, un paysage pris dans un second, un ciel pris dans un troisième, et un arrangement de mon cru... je fais une œuvre nouvelle.

— Ensuite ?

— Ensuite, reprit-il tout surpris de ma question, je vends la chose à un brocanteur, qui appose dans un coin la signature de Géricault et fait passer le tout à l'étranger.

— Et ce commerce prospère ?

— Sans doute. En ce moment, les *Géricaults* sont très demandés, et j'en ai quatre à livrer ; après quoi je ferai trois *Vernets*, car je réussis très-bien aussi les *Vernets*. Si vous

8

me faites l'amabilité de visiter mon atelier, je vous montrerai des échantillons des deux genres et quelques peintures originales.

Quatre heures sonnaient alors, il nous pria de l'excuser, et se mit à ranger sa boîte et ses pinceaux.

Je n'ai certes pas visité son atelier ; mais comme elle pouvait être instructive pour quelques-uns, j'ai cru devoir raconter l'histoire de notre rencontre. Méditez-là surtout, lecteurs de la province et de l'étranger, car les produits de l'honnête industrie qu'elle vous révèle, chèrement payés, vont peupler vos galeries et vos salons, à la plus grande joie des brocanteurs sans scrupules.

UNE BROUILLE POUR UN VERRE D'EAU

Ils étaient deux, Paul et Charles, deux intimes qui ne s'étaient jamais quittés; Nisus et Euryale, Oresté et Pylade, ressuscités au dix-neuvième siècle.

« Le vrai peut quelquefois n'être pas vraisemblable. »

Leur liaison datait de vingt ans, époque à laquelle ils s'étaient mutuellement rendu de ces services qu'on n'oublie jamais, et, dans ce long espace de temps, aucun nuage ne s'était élevé entre eux.

Vers le milieu de la saison dernière, les deux inséparables débarquèrent à Vichy, Charles pour soigner un commencement de diabète, et Paul pour accompagner son ami.

Or, un matin qu'ils passaient, bras dessus bras dessous, devant l'Etablissement thermal, Charles voulut aller boire un verre d'eau.

— Je te ferai remarquer que tu en as déjà bu six aujourd'hui, lui dit Paul, le plus doucement qu'il lui fut possible.

— Eh bien! quand cela serait, reprit

Charles, qui probablement avait mal dormi cette nuit-là,

— Je crois que tu as tort.

— Vas-tu maintenant compter les verres d'eau que je bois? Je ne compte pas les canettes que tu vides?

— Est-ce un reproche?

— Prends-le comme il te plaira; je suis las d'être sermonné à propos de tout et à propos de rien.

— Alors je te gêne?

— Tu aurais dû t'en apercevoir plus tôt.

Paul devint pâle; il lâcha le bras de son ami, et, le saluant froidement :

— Je n'aime pas à être importun, lui dit-il; adieu, Monsieur.

Le premier mouvement de Charles fut de le retenir, mais l'amour propre, qui fait faire tant de sottises, s'en mêla, et l'on se sépara sinon tout-à-fait en ennemis, du moins en indifférents.

Le soir, tout Vichy fut étonné de voir les ex-inséparables errer comme deux âmes en peine, au Parc et au Casino, chacun recherchant celui des deux endroits où l'autre n'était pas.

Puis, afin de s'étourdir, Charles joua et perdit une somme assez considérable, et Paul se grisa; aussi, n'est-il pas étonnant qu'au lieu de regagner, à onze heures, les deux chambres qu'ils avaient retenues à deux étages différents de l'hôtel, pour remplacer l'appartement qu'ils avaient occupé jusque-là, ils aient suivi le chemin dont ils avaient l'habitude, et se soient trouvés nez à nez devant leur ancienne porte.

Ils ne purent se regarder sans se rappeler cette vieille amitié qu'ils venaient de briser pour un rien, et que, la veille encore, ils croyaient indestructible ; leurs mains se tendirent d'elles-mêmes ; ils voulurent les retenir ; une larme monta à leur paupière, et, sans savoir comment, ils se trouvèrent dans les bras l'un de l'autre.

Le domestique de l'hôtel fut appelé ; on déménagea de nouveau pour reprendre l'appartement occupé la veille, et, pendant toute la nuit, l'on causa du passé et l'on fit des projets d'avenir.

Mais le lendemain, Paul exigea que son ami but sept verres d'eau à la source des *Célestins,* et Charles fit apporter sept bocks devant Paul et le retint à la *Restauration* jusqu'à ce qu'il les eût vidés devant lui.

Après cette petite pénitence réciproque, ils partirent pour le Casino et ne se séparèrent plus.

UN AMOUREUX CONSTANT

Un dimanche de juillet, je me promenais dans le parc de Vichy, et je savourais les harmonieux accords qui s'échappaient de la *Véranda*, quand je me croisai avec un homme jeune encore, mais dont la figure fatiguée portait toutes les marques d'un long chagrin. Il traversait les groupes d'un air inquiet et les observait l'un après l'autre.

Quand il les eut tous ainsi passés en revue, il fit un geste de désappointement et fut s'asseoir dans l'endroit du parc le plus solitaire.

Ma curiosité était piquée, je pris des informations, et, après beaucoup de pas et encore plus de paroles, je finis par obtenir les détails suivants :

Il y a trois ans, M. X... fit à Hyères, la rencontre d'une veuve, Mme C..., qui avait toutes les qualités requises pour ne pas rester longtemps veuve. Elle lui plut, et lui-même put bientôt s'apercevoir qu'il ne déplaisait pas,

mais une chose l'empêchait de se déclarer ;
il ignorait complètement d'où venait Mme C...
et quelle était sa position de fortune, quoique
la distinction de ses manières et la rare élégance de ses toilettes donnassent à croire
qu'elle était riche et qu'elle appartenait au
meilleur monde.

Il envoya donc un ami pour sonder ce terrain difficile. L'ami fut-il maladroit ? je l'i-
gnore. Mais la belle veuve se piqua, répondit
qu'elle voulait être aimée pour elle-même, et
que, si M. X... ne prenait pas son parti dans
la journée elle partirait le lendemain matin.

L'ami trouva qu'elle n'avait pas le sens
commun ; quant à M. X..., il voulut faire des
réflexions, mais les réflexions ne sont pas toujours bonnes à faire ; lorsqu'il fut au point de
trouver charmante la manière d'agir de la
belle veuve, et qu'il se présenta chez elle pour
faire sa demande officielle, il trouva porte
close... Madame était partie depuis quatre
heures.

Il rentra chez lui furieux et traitant Mme C...
d'aventurière, mais une heure après, il lui donnait pleinement raison et se traitait de maladroit et de niais.

Bref, son amour, comme il arrive quelquefois, croissant par l'absence, M. X... en vint à se persuader que la jeune veuve avait toutes les perfections, même celles qui ne peuvent s'accorder, et qu'il lui serait impossible de vivre sans elle.

Pendant deux ans, il courut toutes les villes d'eaux sans retrouver la moindre trace de celle qu'il aimait. Enfin, voyant tous ses efforts inutiles, il résolut de guérir sa passion par un énergique traitement moral et d'oublier. Il était presque parvenu à ce résultat, quand il y a quinze jours, il reçut un télégramme ainsi conçu :

« Cette année, à Vichy. »

C'était bien vague et pourtant ces quatre mots suffirent pour réveiller toutes ses espérances. Il fit ses malles dans la nuit, et le lendemain soir, le train express le débarquait au lieu du rendez-vous.

Longtemps il parcourut les promenades, le Casino, l'Etablissement thermal, cherchant celle qu'il attendait. Longtemps, ses efforts restèrent infructueux ; mais, persuadé qu'on voulait mettre sa constance à l'épreuve, il ne perdit pas courage, résolu à attendre, s'il le fallait jusqu'à la fin de la saison.

Enfin vers les premiers jours de septembre

il rencontra Mme C... aux Célestins, il y eut explication, et la belle capricieuse, satisfaite de la fidélité de son chevalier, voulut bien cesser d'être veuve.

Or, Mme C... appartient à l'une des familles les plus aristocratiques du midi de la France.

AU BORD DE LA MARNE

C'était un matin, au bord de la Marne, la coquette rivière ; un homme se tenait gravement, les yeux fixés sur l'eau qui fuyait devant lui ; de la main gauche il s'appuyait au tronc d'un saule, et de la droite soutenait un roseau de trois mètres, au bout duquel pendait une fine corde de crin... Cet homme était un pêcheur à la ligne.

Croyez-vous à la pêche à la ligne ?... Je n'y croyais pas autrefois. Mais depuis que j'ai vu un femme charmante qui est en même temps une cantatrice de beaucoup de talent (vous l'avez entendue plusieurs fois aux concerts de la salle Pleyel), s'arrêter avec un geste plein d'appétence, devant certain petit bassin, placé dans le coin du petit jardin d'un petit hôtel et dans lequel se jouent une douzaine de carpes, en compagnie d'une anguille, j'ai compris que la pêche à la ligne pouvait devenir une passion fougueuse... Mais revenons à mon pêcheur ;

brave homme était là depuis le lever de l'aurore (ce devait être un homme vertueux), attendant avec anxiété, qu'un pauvre petit goujon vint de bonne volonté s'accrocher au bout de sa ligne, et pestant de la meilleure foi du monde contre ce misérable *gymnopome*, qui, dans son esprit, devait avoir été créé et mis au monde uniquement pour être pris par lui, pêcheur à la ligne et roi de la création.

Or, pendant qu'il pestait et qu'il se livrait à des émotions pleines de promesses d'apoplexie, un couple de jeunes gens vint s'asseoir sur l'herbe à quelques pas de lui.

Sa présence les gênait sans doute, car ils imaginèrent de le mettre en fuite, et voici comment ils s'y prirent.

J'ouvre une parenthèse pour dire que le pêcheur était un gros homme, rouge, chauve et probablement graveleux, une de ces têtes d'une si parfaite insignifiance, que les mauvais plaisants disent en les voyant :

— Monsieur a l'air d'un bien brave homme, et nous pouvons le mystifier sans crainte.

Je ferme la parenthèse, et reprend ma narration.

Nos deux jeunes gens se cachèrent dans un fourré voisin, et là commencèrent une séance de ventriloquie tellement intéressante que le pêcheur fut attentif, se pencha vers l'eau pour mieux entendre la conversation qui semblait en sortir, puis se mit à trembler et laissa tomber sa ligne, qui disparut bientôt entraînée par le courant.

Voici la susdite conversation :

— Ainsi, bonne maman, vous n'allez pas croquer ce vers que je vois là immobile devant vous ? disait une voix flûtée.

— Dieu m'en garde, répondait une voix grêle et saccadée comme celle d'une vieille femme. Quand on a vécu trois âges de goujon, on connaît tous les pièges que peuvent inventer ces animaux féroces qu'on appelle des hommes.

Alors la voix grêle se mit à expliquer à la voix flûtée tout le système de la pêche à la ligne.— Ce fut long, et il se fit des révélations étranges.

— Ainsi donc, cet homme est un parent dénaturé, demanda la voix flûtée.

— Oui, répondit avec une sombre énergie la voix grêle, je le reconnais à ses yeux glauques, son front bas et fuyant, sa bouche entr'ouverte, signe du peu d'intelligence qui le distinguait déjà lorsqu'il était de notre famille. Cet homme était poisson il y a quarante ans, et frère de ma mère. Pris à la ligne, frit et

dévoré par un ichthyophage de Paris, il revint
à la vie quelques années plus tard, mais sous
une autre forme et dans un autre monde.

« Ne sois pas étonnée, ma chère fille, que
je connaisse ces choses mystérieuses ; ma
grande vieillesse, en me détachant de l'eau
qui nous entoure, me permet de voir à travers
le temps et à travers l'espace... Je continue :
mon oncle, car cet homme est mon oncle,
puisqu'il est le frère de ma mère, est devenu
l'un des ennemis les plus acharnés de notre
race ; il passe les journées à nous tendre des
pièges, et nous dévore par douzaines à son
dîner.

— Horreur ! fit la voix flûtée.

— Oh ! ce n'est rien encore, reprit la voix
grêle ; hier il est venu plus tôt que d'habitude
auprès de notre rivière. J'étais sans défiance,
à cause de l'heure matinale, et j'avais laissé
mes trente-deux petits enfants errer en liberté ; eh bien ! ce monstre, mon enfant, ce
monstre a dévoré mes trente-deux enfants.
Oncle cruel ! ! ! Puisse-t-il devenir un jour
goujon ! puissé-je alors être femme et sa tante !
puissé-je enfin le prendre, le faire frire et le
croquer avec ses trente-deux enfants.

Le pêcheur n'en écouta pas davantage ; il
se leva pâle et les cheveux hérissés ; il revint

à Paris en chancelant, et demandant à tous ceux qu'il rencontrait s'ils avaient jamais été goujon. Pendant huit jours on craignit pour sa raison ; elle résista comme le roseau, parce qu'elle était faible. Mais à partir de ce jour, il a renoncé au plaisir de la pêche à la ligne, plaisir qui lui paraissait bien innocent autrefois, et qui lui semble être maintenant une épouvantable barbarie. La vue seule d'un poisson le met en fuite, et il prépare un ouvrage en quatorze volumes in-octavo, sur la nécessité morale et politique de défendre le port des hameçons, comme on défend le port des armes de guerre.

UNE VICTIME DE L'ART

Les promeneurs ont pu remarquer l'été passé, aux Champs-Elysées, un homme jeune encore, mais courbé comme un vieillard, la figure ravagée, et la tête à peine entourée d'un cercle de cheveux gris.

Cet homme, fils d'un négociant aisé de la rue des Lombards, avait perdu sa mère au berceau ; il fit d'assez bonnes études et fut, à dix-huit ans, placé par son père, chez un ami qui faisait un grand commerce de denrées coloniales. Mais, comme il se sentait une vocation irrésistible pour les arts, il travailla le jour à son magasin et le soir étudia la musique et prit des leçons d'harmonie d'un compositeur fort connu qui avait été à même d'apprécier ses dispositions naturelles et l'avait pris en affection.

Il fallait être de fer pour supporter cette double existence qui dura dix-huit mois, après lesquels, se trouvant à bout de forces et croyant pouvoir gagner sa vie comme musicien, il résolut d'abandonner complètement la direction qui lui avait été imposée par son père.

— Soit, lui dit ce dernier, mais tu n'auras plus à compter sur moi ; notre maison te sera fermée jusqu'au jour où tu renonceras à tes rêves.

Paul, appelons-le Paul, s'attendait à cet ultimatum : il avait quelque argent économisé sur ses faibles appointements et les générosités de sa famille, il s'installa dans une mansarde de la rue des Martyrs, et, grâce à la protection de son professeur, obtint un emploi de premier violon à l'orchestre d'un petit théâtre, avec 70 fr. par mois d'appointement.

Pendant plusieurs années, il vécut ainsi pauvrement, complétant son éducation musicale. Quand il se sentit assez sûr de lui, il se mit à composer pendant la nuit, car le jour était presque entièrement absorbé par les répétitions et les quelques leçons qu'il donnait pour augmenter un peu ses ressources ; il se mit donc à composer un opéra-comique en trois actes, sur un libretto qu'il avait eu grand peine à se procurer et qui était signé d'un nom parfaitement inconnu.

Son œuvre terminée, il la porta au seul théâtre qui pût la faire exécuter.

Le nom de son protecteur le fit accueillir par la direction qui lui promit de s'occuper de lui.

Il attendit longtemps; enfin le jour de l'audition fut fixé; il alla prendre le maëstro qui devait l'accompagner au théâtre; le maëstro était mort dans la nuit, de la rupture d'un anévrisme. Surmontant la douleur qu'il devait ressentir en perdant le seul homme qui se fût intéressé à lui, il alla au rendez-vous; l'opéra fut trouvé charmant; mais... le poète et lui n'avaient aucune notoriété; on avait compté sur l'influence du maëstro dans les bureaux de rédaction, etc.

Le résultat fut qu'après-beaucoup de compliments et d'excuses, on lui rendit son manuscrit.

Epuisé de la vie misérable qu'il avait menée si longtemps, vaincu, découragé, il rentra dans sa mansarde, brûla tous ses papiers et résolut de vivre dorénavant entre son orchestre et ses leçons et de renoncer à toute espérance ambitieuse.

Dix ans s'écoulèrent ainsi; un jour il fut surpris au lit par son père.

Resté seul au monde et retiré des affaires,

celui-ci venait le solliciter de rentrer à la maison; il serait libre de suivre ses goûts.

Paul oublia le passé, il crut voir l'avenir s'ouvrir devant lui. Hélas! l'illusion fut courte; il s'aperçut bientôt que son imagination s'était flétrie au souffle de la misère. Le chagrin s'empara de lui, il devint sombre, taciturne, insociable; les quelques amis qu'il avait conservés lui tournèrent le dos. Bientôt le physique fut atteint à son tour. Il n'a pas quarante ans et les médecins ne lui donnent guère plus de six mois à vivre.

Son père se désole et regrette sa dureté passée, mais chaque fois qu'il vient affectueusement le consoler et l'encourager, Paul baisse la tête et ne répond que ces deux mots:

Trop tard! trop tard!

UNE HISTOIRE QUI N'EST PAS NOUVELLE

Il y avait une fois dans une petite ville du nord de la France, un jeune homme qui faisait des vers. Son père et beaucoup d'autres personnes l'avaient déclaré incapable de jamais arriver à rien. Il n'était pas ambitieux, donc il était insouciant ; il aimait l'étude et la lecture, donc il était paresseux ; il était doux et soumis, donc il n'avait pas d'énergie.

Ce jeune homme qui faisait des vers, condamné à gagner sa vie par un travail contraire à ses goûts, contraire à sa nature, ne laissait pas échapper une plainte et passait sa jeunesse loin des plaisirs et des jouissances, qu'il était en droit d'attendre. Il ne voulait pas entrer en lutte avec ceux qu'il aimait malgré leur injustice ; et parce qu'il était trop timide pour solliciter, trop fier pour se courber devant de sots parvenus, trop sage pour s'abrutir par le vice comme tant d'autres, il se voyait l'objet des plus absurdes préventions.

Il était coupable en effet, car il ne donnait que son corps au métier qu'il détestait, gardant son intelligence pour ses travaux solitaires.

Un jour enfin, las de se voir jeter à la face les noms d'hommes qu'il n'aurait pas salués et qu'on lui donnait pour modèles, parce que la fortune avait récompensé leur bassesse; las de se voir insulter par des gens qu'il méprisait et qui méritaient son mépris, il osa dire « je veux » et, cédant à sa vocation, il partit pour Paris, plein d'espérance et de courage. Il avait dans sa poche un cahier de vers aussi jeunes que lui et comptait pour vivre sur la modeste pension que son père, cédant aux sollicitations de sa mère, avait promis de lui verser pendant les premières années.

Bientôt commencèrent les récriminations; en vain travaillait-il quinze heures par jour, vivant comme un reclus, sans appui, sans encouragement d'aucune sorte, on lui reprochait le faible secours qui l'empêchait de mourir de faim, et, le jour où il voulut aller se reposer un peu sous le toit paternel, il fut obligé de fuir comme un proscrit, lui qui n'avait jamais manqué à un seul de ses devoirs.

Pendant quatre ans il mena cette vie de galère, sans faiblir, car l'espérance le soutenait.

Quelquefois cependant le doute envahissait son âme et ce qu'il y avait de plus dur pour lui, c'est qu'il était obligé de dévorer ses chagrins et de s'interdire tout épanchement dont on se serait fait une arme pour l'accabler.

Avait-il une joie, voyait-il une éclaircie à l'horizon, il s'empressait d'en faire part aux siens, mais, au lieu d'une réponse affectueuse, il recevait une lettre décourageante ou hostile qui le faisait retomber dans l'ornière, d'où il avait eu tant de peine à sortir. Et lui marchait, marchait toujours, ne sachant s'il aurait le lendemain le pain dont on lui faisait l'aumône et qui lui coûtait plus cher qu'il ne valait.

Comment put-il sans en mourir passer quatre ans dans ces tortures. Ceux-là le comprendront, qui savent ce qu'on peut quand on a derrière soi une mère que l'on aime, qui vous aime, et dont on reçoit de temps à autre une bonne parole; à coté de soi, la Muse qui vous prodigue ses baisers et devant soi l'avenir dont la foi soulève le voile.

Enfin vint le moment de quitter sa vie d'études et de se mettre sur les rangs pour la grande bataille ; la solitude n'avait pas été stérile et plusieurs de ses écrits virent le jour.

Quelle joie pour lui de faire parvenir aux

siens les premiers essais de sa plume livrés à la publicité ! quelle joie de leur faire part des éloges et des encouragments donnés à son jeune talent ! Il espérait voir enfin cesser la guerre qui durait depuis si longtemps. Pauvre naïf ! La vanité paternelle satisfaite, la lutte recommença aussi vive qu'auparavant et d'autant plus pénible pour lui qu'il était sûr de sa valeur et qu'il avait espéré voir s'ouvrir les bras qui lui avaient été fermés jusqu'alors.

Obligé de peser ses paroles devant son père comme devant un despote, découragé quand il espérait, querellé quand il doutait, il prit le parti de vivre à l'écart, sans se soucier d'être approuvé par les siens, et de garder pour lui ses projets, ses espérances et ses déceptions.

Il put ainsi éviter de se heurter sans cesse contre un homme qui aurait voulu voir ses enfants taillés sur son modèle, ne comprenait pas qu'ils pussent avoir d'autres idées que les siennes, et voulait, ce qui est impossible, qu'un poëte ne pensât pas en poëte et renonçât de gaieté de cœur à ses travaux et à sa liberté.

Qu'arriva-t-il ? la gloire vint enfin frapper à sa porte, la fortune suivit; mais le jeune homme irrité par la lutte, aigri par le chagrin et la misère passés, ne fut pas heureux avec elles.

Il hésita d'abord à les conduire à la maison

paternelle, mais il aimait sa mère, il partit. Son père, flatté d'avoir un fils dont on lui faisait l'éloge, qui jouissait d'une certaine réputation et ne lui coûtait rien, fit tuer le veau gras.

Il fallait dignement fêter ce fils qui avait si bien reconnu les sacrifices qu'on s'était imposés pour lui. On avait bien prévu qu'il ferait son chemin et cet espoir était cause qu'on l'avait toujours encouragé à suivre la voie qu'il avait choisie, et qu'on avait tout fait pour lui venir en aide, car Dieu merci! il n'avait jamais manqué de rien et s'il avait si vite atteint le but, c'était grâce à l'aide paternelle.

Il arriva : sa mère ne lui donna qu'un baiser et il oublia tous ses maux, toutes ses colères.

Son père vint à lui ;

— Je suis riche, lui dit-il, et ma bourse est ouverte; puise sans crainte car tu es l'honneur des tiens et je ne veux pas que le besoin soit un obstacle à tes succès.

Le fils alors embrassa son père, car il avait pardonné, mais il lui dit :

— Mon père, vous auriez pu m'éviter bien des souffrances en faisant quelques années plus tôt ce que vous faites aujourd'hui, Maintenant il est trop tard et je sais trop ce que coûtent vos bienfaits.

LE COLONEL GREDINET

Hercule Gredinet était ce que certaines femmes nomment un joli garçon, c'est-à-dire un petit homme aux joues roses, au teint pâle, avec de longs cheveux noirs relevés en accroche-cœurs, sur les tempes. Il avait l'esprit faubourien, cet esprit qui consiste à faire des calembourgs et à causer pendant une heure sur n'importe quel sujet, de façon à éblouir les ignorants et les sots.

Parmi ses pairs il passait pour un savant, car il pouvait au besoin écrire une lettre de deux pages sans faire plus de quarante fautes d'orthographe et sans laisser échapper plus de trois âneries. Il savait d'ailleurs faire une division et connaissait à fond l'*Histoire de la Révolution française*, par M. Louis Blanc, les *Châtiments*, de Victor Hugo, et les chansons de Thérésa. J'oubliais de dire qu'il était un des lecteurs les plus assidus de l'*Avenir national*, de la *Marseillaise* et autres journaux *ejusdem farinœ*, et qu'il tonnait (je devrais diré qu'il flûtait) deux fois par semaine au club de la *Redoute*, contre les rois, les prêtres, les gendarmes, les bourgeois et autres buveurs du sang des prolétaires. Un soir surtout, il électrisa son auditoire en proposant de défendre à tout citoyen de travailler plus de deux heures par jour et en affirmant que, si jamais il arrivait au pouvoir, il ferait raser les montagnes et les collines, combler les vallées et transformer les rivières en ruisseaux... par amour pour l'égalité. Il voulait supprimer Dieu et brûler l'Evangile, qu'il n'avait jamais lu et qu'il appelait le manuel du despotisme.

Sans moyens d'existence connus, il dépensait beaucoup... dans les cabarets borgnes, *perchait* on ne sait où et affectait une tenue prétentieusement débraillée.

Avec de tels antécédents, il ne pouvait manquer d'être quelque chose après le quatre septembre. En effet, il fut élu lieutenant par une des nombreuses compagnies de gardes nationaux qui demandaient la guerre à outrance et refusaient de marcher à l'ennemi, et devint un des séïdes du citoyen Cluseret. Aussi perdit-il ses galons, après l'émeute du 31 octobre et disparut-il jusqu'au 18 mars.

Ce jour-là, il rejoignit sa compagnie, fit volontairement partie du peloton qui fusilla les généraux Lecomte et Clément Thomas et fut un de ceux qui tirèrent les premiers sur la manifestation pacifique de la rue de la Paix.

En récompense de ces hauts faits, il fut nommé capitaine aux nouvelles élections, devint chef de bataillon après la débâcle de Neuilly, d'où il avait ramené ses hommes battus, mais... complètement ivres. Huit jours après, un des membres influents de la Commune le fit passer colonel, à la suite d'un souper fin chez Mademoiselle Ilda...., une beauté de la rue Bréda, qui avait des bontés pour Gredinet, et à laquelle ce dernier, peu jaloux, avait présenté le magistrat populaire.

Disgracié parce qu'il avait laissé surprendre et écharper ses bataillons près de Clamart, pendant qu'il dévalisait consciencieusement une maison voisine, notre héros fut presque immédiatement réintégré dans son grade pour avoir arrêté et livré à Raoul Rigault deux officiers supérieurs de la garde nationale qui, dégoûtés de la bêtise de leurs collègues et révoltés de leurs excès, cherchaient à passer les lignes fédérées pour se sauver à l'étranger.

Il était donc de nouveau colonel, lors de l'entrée des troupes dans Paris. Mais, comme il était aussi brave soldat qu'honnête homme, il abandonna les barricades qu'il était chargé de défendre, et, suivi d'une troupe de bandits, se mit à recruter des ôtages et arrêter des réfractaires, qu'il faisait conduire aux différentes mairies pour être dirigés.de là sur la préfecture de police, Mazas ou la Roquette. Les Phrynés de bas étage dont il avait autrefois mangé le pain, et dont il payait maintenant le luxe, l'aidaient puissamment dans sa noble mission et insultaient au passage les malheureux qu'elles avaient dénoncés.

Quand la rive gauche fut entièrement évacuée par les fédérés, Gredinet prit le commandement d'une des bandes d'incendiaires qui devaient anéantir Paris et fit sauter la cervelle d'un de ses hommes parce qu'il refusait de mettre le feu à une maison dont le propriétaire lui avait sauvé la vie l'année précédente.

Enfin, quand il fut impossible de lutter plus longtemps, il disparut après avoir glissé ses papiers dans la poche d'un cadavre défiguré, près duquel il laissa son sabre, son revolver et son képi de colonel. Pendant quinze heures, on le crut mort et sans doute il aurait échappé à la justice des hommes, sans la femme du misérable qu'il avait assassiné, ainsi que nous l'avons raconté plus haut. Cette femme qui, d'ailleurs, était une pétroleuse émérite, avait voulu venger son mari; elle avait *filé* Gredinet et l'avait vu se réfugier dans une maison de la rue Bréda. Elle laissa deux de ses enfants en observation et fut avertir le poste voisin. La maison fut visitée et l'on trouva Gredinet costumé en soubrette et servant le dîner de Mademoiselle Ilda. Sa figure imberbe et ses allures efféminées, allaient si bien avec ce déguisement, que sans les affirmations réitérées de la pétroleuse, la police l'eût peut-être laissé continuer paisiblement son *service*. Enfin, pressé de questions, et troublé par la vue des enfants de sa victime, il perdit la tête, avoua son identité et fut conduit à Versailles.

Condamné à mort par le conseil de guerre, il se traîna en pleurant devant ses juges et dénonça tous ceux de ses complices dont il savait les noms et dont il connaissait les retraites ; ce qui ne l'empêcha pas d'être fusillé à Satory.

Quant à Mademoiselle Ilda, elle médite actuellement sur la fragilité des gloires du quart du monde et sur le bonheur dont Paris a joui pendant *le règne* de la Commune, et compte les jours et les nuits dans la maison centrale de Clairvaux.

La pétroleuse est allée porter sa noble industrie aux indigènes de la Nouvelle-Calédonie.

LA MAIRIE DE SAINT-BONIFACE

Saint-Boniface, que vous ne trouverez nulle part sur la carte de France, était, en 1868, une commune modèle. Son maire, gros cultivateur estimé de tous pour son bon sens et sa probité, l'administrait à la satisfaction générale. Ce brave homme ne lisait guère que le *Journal officiel*, car il ne croyait pas qu'il fût nécessaire de se farcir la tête des élucubrations ultra-fantaisistes de tous les politiques d'estaminet, pour se mettre à même de connaître les besoins d'une commune et de faire un bon emploi de ses ressources. Mais, convaincu qu'il suffisait de prendre soin des intérêts publics comme des siens propres, il chargeait le moins possible les habitants, n'entreprenait les travaux reconnus utiles qu'après s'être assuré des ressources suffisantes pour les mener à bonne fin, et ne favorisait aucune partie du territoire aux dépens des autres. Grâce à cette sage économie, Saint-Boniface n'avait pas de dette, et cependant les chemins

étaient bien entretenus, l'église était en bon
état, les écoles étaient propres et bien aérées,
les indigents recevaient des secours suffisants,
au grand étonnement des autres maires du
canton, et cela durait depuis vingt ans.

Or, vers la fin de 1868, le tailleur du village
mourut, laissant une petite maison et quelques
arpents de terre. Son fils qui était allé, comme
on dit, *chercher fortune* à Paris, où il avait,
on ne sait trop dans quel métier, gagné quelque
argent, vint en prendre possession. C'était ce
qu'on appelle un beau parleur, un politiqueur
de faubourg, qui s'était formé le cœur et l'esprit par la lecture assidue du *Siècle* et de
l'*Avenir national* et avait obtenu quelques
succès dans les réunions électorales à Belle-
ville et à Montmartre.

On peut d'après cela s'imaginer avec quel
mélange de colère et de dédain il vit les
pauvres habitants de Saint-Boniface aller à
la messe en plein dix-neuvième siècle, et, lors
des récoltes, envoyer leur modeste offrande
au prêtre qui les baptisait, les mariait et faisait de leurs enfants des chrétiens, c'est-à-
dire d'honnêtes et laborieux travailleurs. Il
résolut dans son for intérieur de les *éclairer* et
de les arracher à la superstition pour en faire
des hommes et des citoyens.

Le prestige qu'a, dans certains pays, quiconque parti jeune pour la capitale, en est revenu avec un avoir toujours grossi par la renommée, son imperturbable aplomb, sa facilité à faire dé grands discours pleins de mots sonores, et vides de sens, lui donnèrent de prime abord, sur ses voisins, une influence qui, gagnant de proche en proche, s'étendit bientôt sur toute la commune.

Le premier usage qu'il en fit fut de persuader au cabaretier du village, qui jusqu'alors n'avait reçu que le journal de l'arrondissement, de s'abonner au *Siècle*. Lui-même recevait l'*Avenir national* et le faisait passer de main en main. Peu à peu les jeunes gens auxquels il préchait la haine des *jésuites* et des *calotins* et qui le prenaient pour un savant, s'éloignèrent de l'église. On commença à causer politique le soir en buvant, et le cabaretier qui y trouvait son compte se mit à faire de la propagande révolutionnaire en faveur de *son meilleur client*, si bien que ce dernier passa le huitième sur la liste des conseillers municipaux aux élections de 1870.

Fidèle imitateur des hommes politiques vantés par ses journaux favoris, il s'occupa, dès la première séance, de former dans le conseil, une opposition systématique dont il fut naturellement le chef ; il y réussit en vendant à l'un des membres une parcelle de terrain qu'il désirait. Dès lors, toute dépense proposée par le maire fut énergiquement combattue, toute mesure prise par lui dénaturée. Tel chemin très-fréquenté était parfaitement entretenu, on découvrit qu'il desservait la propriété de son cousin ; tel autre où ne passait personne était négligé, il fut tenu pour certain que cette négligence avait pour but de faire pièce à l'un de ses adversaires qui possédait quelque terrain dans les environs. Une partie de la voûte de l'église menaçait ruine, l'opposition empêcha de voter les fonds nécessaires à sa restauration ; en revanche, elle demanda et obtint une somme assez ronde qui permit de donner plus de magnificence à la fête annuelle de la commune. On eut une salle de bal illuminée pendant toute la nuit, un orchestre, des jeux ; aussi cette fête où jusqu'alors tout s'était passé sous les yeux des parents et sans désordre, eut de fâcheuses suites : des jeunes gens ivres se battirent et deux filles séduites par des beaux d'atelier venus de la ville, quittèrent le pays peu de temps après.

On sut plus tard qu'elles étaient à Paris et qu'elles *avaient mal tourné*.

Après le quatre septembre, le fils du tailleur crut être l'homme de la situation et se donna beaucoup de mal pour faire de la propagande républicaine. Aussi fut-il nommé, par M. Gambetta, maire de Saint-Boniface, quand le dictateur improvisé eut remplacé les conseils élus par des commissions choisies dans l'élite de la démagogie. Du reste, il remplit ses nouvelles fonctions avec tant de zèle que tout alla de travers. Tous les jeunes gens de la commune, exempts de droit ou non, à l'exception de son fils aîné, un vigoureux gaillard qu'il fit passer pour faible de constitution, durent rejoindre les bataillons de la garde mobile ou les légions de mobilisés. Les anciens réglements de police rurale furent supprimés comme attentatoires à la liberté. Il en fut de même des centimes additionnels, car on voulait faire de la popularité, et quand les ressources manquèrent, on laissa tout en souffrance et l'on ne paya plus personne. D'autre part, le nouveau maire ne pouvait manquer une si belle occasion de mettre en pratique ses belles théories ; il fit donc fermer l'école des sœurs et les jeunes filles durent aller avec les garçons chez le maître d'école, en attendant qu'on pût trouver une institutrice laïque. Le curé voulut protester contre cette promiscuité qui pouvait avoir des conséquences très-graves ; on le menaça ; il eut peur, et personne n'osa réclamer.

Les choses allèrent ainsi, comme elles purent, jusqu'à la fin de la guerre. Mais quand la paix fut signée, quand les paysans surent enfin combien ils avaient été trompés et combien peu méritaient leur confiance, ces hommes qui n'avaient pas craint de désorganiser le pays pour satisfaire de mesquines rancunes ou de honteuses ambitions, et de changer une guerre malheureuse en un désastre irréparable, les énergumènes perdirent partout du terrain. Il en fut à Saint-Boniface comme ailleurs ; les adversaires du nouveau maire relevèrent la tête et ses affaires allèrent de mal en pis. Les paysans ne se cachaient pas pour demander comment il se faisait que le fils de Monsieur le maire, qui avait toujours le mot de patriotisme à la bouche et prêchait la guerre à outrance, fût resté tranquillement chez lui, pendant que leurs enfants à eux étaient dispersés sur tous les champs de bataille.

Ils remarquaient que les chemins trop longtemps négligés étaient partout défoncés et qu'il en coûterait plus pour les rétablir qu'il n'en aurait coûté pour les tenir en état. La voûte de l'église était tombée et l'architecte demandait, pour la reconstruire, une somme trois fois plus forte que celle qui aurait suffi pour la réparer l'année précédente. Un grand nombre de mères n'envoyaient plus leurs filles à l'école ou les envoyait à quatre et cinq kilomètres de chez elles, dans les villages voisins, ne voulant pas les voir mêlées aux garçons. Enfin, la commune qui devait plus de 1,500 francs exigibles n'avait pas un sou en caisse. La commission municipale obtint l'autorisation d'émettre un emprunt de 6,000 f. pour parer aux premiers besoins; on ne trouva guère que le cinquième de cette somme ; les habitants disant tout haut qu'ils n'étaient pas disposés à donner de l'argent pour qu'il fût gaspillé par un maire inepte et ses acolytes.

Pendant ce temps, le gouvernement central était sorti des premiers embarras. Les incapables et les fous du quatre septembre avaient été presque tous mis à l'écart; l'insurrection *communarde* était vaincue et les affaires de l'intérieur avaient repris une marche quasi normale. On songea à supprimer les commissions établies par la dictature démagogique, et les électeurs furent convoqués pour élire leurs conseillers municipaux, leurs maires et leurs adjoints.

A St-Boniface, il n'y eut pas d'abstentions et l'on trouva au fond de l'urne douze bulletins au nom du maire gambettiste. C'étaient, selon l'opinion générale, ceux du cabaretier son ami, des hommes qu'il employait habituellement, de deux ou trois mauvaises têtes et de quelques jeunes gens endoctrinés par lui.

L'ancien maire fut réélu à l'unanimité..... moins douze voix. Il rétablit aussitôt les centimes additionnels, les augmenta même, car, sans avoir lu le *Siècle* ou l'*Avenir national*, sans avoir entendu les profonds économistes des clubs de la *Redoute* et du *Vieux-Chêne*, il savait que, pour trouver à emprunter, il faut pouvoir garantir les intérêts et l'amortissement de l'emprunt, et qu'il faut créer de nouvelles ressources quand les circonstances vous imposent des charges nouvelles. Cela fait, la souscription à l'emprunt fut ouverte de nouveau et couverte le même soir.

Les habitants de Saint-Boniface trouvèrent que c'était payer un peu cher les sottises d'un bavard présomptueux, mais ils comprirent que ce qui était fait était fait et qu'il fallait liquider le passé. Ils acceptèrent donc sans murmurer les augmentations de taxe, mais ils se promirent bien de tenir à l'écart désormais les beaux parleurs et les prêcheurs de réformes quand même.

A PROPOS D'UNE DESCENTE DE POLICE

Dernièrement la police fit une descente dans un hôtel garni voisin du quartier que j'habite. Elle surprit quatre individus en flagrant délit d'attentat à la pudeur sur des jeunes filles de treize ou quatorze ans.

Les quatre coupables étaient des ouvriers.

Cela me surprit, car j'avais lu beaucoup de romans dont les héroïnes étaient invariablement des filles du peuple séduites par de jeunes élégants ou par de vieux débauchés, et j'accusais naïvement les classes riches de la démoralisation du siècle.

Je me mis donc en campagne, je vis de mes propres yeux quand je pus le faire, je m'informai quand l'observation personnelle me fut impossible. Je fus donc bientôt convaincu que les auteurs desdits romans, gens de beaucoup d'esprit du reste, avaient, sciemment ou non, pris la cause pour l'effet, ou cherché, dans les exceptions, matière à situations dramatiques. De cette manière, ils avaient eu un plein succès auprès des femmes sensibles et des beaux parleurs de faubourg, heureux de pouvoir déclamer sur les vertus du peuple et contre les vices de la bourgeoisie (1).

En effet, les fils de famille, sur le compte desquels on met ordinairement toutes les séductions, ne sont pas, en général, de fort chastes personnages; peu d'entre eux laisseraient leurs manteaux dans les mains de Mme Putiphar. Mais ils sont tout-à-fait innocents de la première faute de ces pauvres filles que la misère et la débauche dévorent tous les ans.

Les fils de famille, quand ils veulent de l'amour, trouvent autour d'eux des femmes et des filles qui ont encore un reste de pudeur et les charmes d'une bonne éducation, et, quand ils veulent des plaisirs grossiers, ils vont chercher les hétaïres de la Chaussée-d'Antin, dont le libertinage maquillé satisfait leurs passions et dont la réputation et le luxe flattent leur vanité. Pourquoi donc se fourvoieraient-ils dans les ateliers ou chez les portières, à la recherche de petites niaises malpropres, qu'il faudrait former, et dont,

(1) Je prends ici le mot bourgeoisie dans sa plus large acception.

en attendant, ils n'oseraient s'avouer amoureux.

Non, ce ne sont pas les jeunes gens riches qui enseignent le vice aux filles du peuple, ce sont les gens du peuple eux-mêmes, ces Don-Juans en blouse que l'on entend au cabaret, raconter, entre deux jurons et deux bouffées de tabac, leurs succès auprès des grisettes du voisinage. Ils les débauchent et, quand ils en sont las, ils les laissent passer au commis de nos magasins. Ces vierges folles vont ainsi d'amour en amour, jusqu'à ce qu'elles soient devenues assez coquettes et assez effrontées pour briller au quartier latin, où elles achèvent leur éducation de courtisanes. Quelques-unes même, plus précoces, ne font qu'un saut des mansardes où elles ont été abandonnées par les Lovelaces d'atelier aux chambres garnies des rues *Monsieur le Prince* et de l'*Ecole de Médecine*, où elles exploitent les étudiants récemment arrivés de province. Puis, quand elles n'ont plus du tout de cœur ni de sens, elles traversent les ponts et portent aux gandins les restes des beaux de la barrière, des courtauds de boutique et des *noceurs* du bal Bullier. Les gandins ont la sottise de les traiter comme des *femmes* et de se ruiner pour elles, ce qui fait que les démocrates puritains les accusent de les avoir jetées dans le désordre.

Ce que je dis est tellement vrai que beaucoup de ces dames (dames d'occasion, bien entendu), ne peuvent jamais rompre entièrement avec le passé. Trop paresseuses, trop démoralisées par leur séjour dans les ateliers qu'elles ont quittés trop tôt ou trop tard, pour aimer d'honnêtes garçons et travailler avec eux, trop encanaillées par leurs premiers amants pour s'élever au niveau des gens qui les entourent, elles se partagent entre les hommes naïfs qui les paient et quelques honteux personnages qui mangent leur pain et les battent.

Et, tous les ans, elles donnent un bal, auquel ne sont pas admis les gens comme il faut, mais où l'on va, dans le costume d'autrefois, boire du vin bleu comme autrefois, causer argot et danser le cancan comme autrefois, avec les favoris d'autrefois et les amants secrets d'aujourd'hui.

La démoralisation qui règne dans certains ateliers de femmes est, d'ailleurs, si grande, qu'il est impossible aux jeunes filles de résister à son action dissolvante, et que celles qui y font leur apprentissage sont perdues avant même qu'aucun homme ne leur ait appris l'amour.

Les femmes corrompent les filles, et cela d'autant plus facilement que ces dernières ont presque toujours, dans leurs familles, de forts tristes exemples, soit que les pères et mères se livrent au désordre chacun de leur côté, soit qu'ils vivent en adultère avoué, se querellent dans l'ivresse ou tiennent devant leurs enfants des conversations de corps de garde.

Comment une jeune personne peut-elle rester dans le droit sentier, lorsque ses parents s'exposent à rougir à chaque instant devant elle? Heureux encore lorsqu'ils ne lui servent pas de proxénètes.

Ainsi donc, les jeunes ouvrières mal conseillées, mal surveillées, corrompues par leurs compagnes, débauchées par les ouvriers du voisinage, descendent successivement tous les degrés du vice. Elles grossissent enfin cette armée de filles de joie qui se recrute sans cesse, envahit nos théâtres et nos promenades, chasse de tous les lieux publics les familles qui se respectent, séduit les jeunes gens et assouvit les honteuses passions des vieillards dont la fortune peut payer leurs grimaces et leur permettre d'entretenir chez elles les sept péchés capitaux.

Ce n'est donc pas par de vaines déclamations qu'on parviendra à guérir un mal qui va toujours croissant. Il faut réagir par tous les moyens possibles, et surtout moraliser la populace des grandes villes. On lui a beaucoup parlé de ses droits, depuis quelque temps, beaucoup trop peut-être. Il est grand temps de lui parler de ses devoirs.

Enseignez-lui donc que, lorsqu'on a le bonheur d'être père ou d'être mère, on doit à ses enfants de bons exemples et de bons conseils. Surveillez les ateliers ; retenez autant que vous le pourrez dans leurs villages les filles de la campagne ; respectez et protégez la religion, sans laquelle vous ralentirez peut-être, mais vous n'arrêterez pas les progrès de l'immoralité publique ; punissez les suborneurs, et nous verrons tous les ans quelques milliers de malheureuses de moins traîner leur honte par les rues, et mourir phthisiques dans les hôpitaux.

Quant aux fils de famille, ils resteront un peu plus hommes du monde, se ruineront plus difficilement et se porteront mieux.

Et l'on ne dira plus que les *bourgeois* débauchent les filles du peuple.

COMMENT ON DEVIENT FEMME DE LETTRES

Un ancien disait autrefois que les femmes n'é-
taient nées que pour le repos et pour la retraite,
que toute leur vertu consistait à être inconnues,
sans s'attirer ni blâme ni louanges.

FLÉCHIER.

Une femme bel esprit est le fléau de ses enfants,
de son mari, de ses valets et de tout le monde.

J.-J. ROUSSEAU.

Les femmes peuvent réussir aux petits ouvrages
qui ne demandent que de la légéreté d'esprit, du
goût, de la grâce, quelquefois même de la philosophie et du raisonnement. Elles peuvent acquérir de
la science, de l'érudition, des talents et tout ce qui
s'acquiert à force de travail. Mais ce feu céleste
qui échauffe et embrase l'âme, ce génie qui consu-
me et dévore, cette brûlante éloquence, ces trans-
ports sublimes qui portent leurs ravissements jusqu'au fond des cœurs, manqueront toujours aux
écrits des femmes; ils sont tous froids et jolis
comme elles.

J.-J. ROUSSEAU.
(Lettre à D'Alembert).

On regarde une femme savante comme on fait
une belle arme: elle est ciselée artistement, d'une
polissure admirable et d'un travail fort recherché :
c'est une pièce de cabinet que l'on montre aux curieux, qui n'est pas d'usage, qui ne sert ni à la
guerre, ni à la chasse, non plus qu'un cheval de
manége, quoique le mieux instruit du monde.

LA BRUYÈRE.

Ce n'est pas une bonne qualité pour une femme
d'être savante et c'en est une très-mauvaise d'af-
fecter de paraître telle. LA FONTAINE.

Chacun son rôle ici bas ; à l'homme l'action, la
grande pensée, les arts sérieux, le gouvernement et
la défense de la patrie ; à la femme, le sentiment,
le conseil discret, les arts gracieux, l'éducation de
la famille ; son influence doit être voilée.

G.-P.

— Qu'elle est la femme que vous estimez le plus,
demandait Mᵐᵉ de Staël à Napoléon, alors premier
consul ?

— Celle qui a fait le plus d'enfants, répondit
Napoléon.

La femme la plus digne d'estime, est celle qui
fait le moins parler d'elle. ANONYME.

Il n'est pas bien honnête et pour beaucoup de causes
Qu'une femme étudie et sache tant de choses.
Former aux bonnes mœurs l'esprit de ses enfants,
Faire aller le ménage, avoir l'œil sur les gens,
Et régler la dépense avec économie
Doit être son étude et sa philosophie.

MOLIÈRE.

C'est chez elle toujours que les fades auteurs
S'en vont se consoler du mépris des lecteurs.
BOILEAU.

Là du faux bel esprit se tiennent les bureaux :
Là, tous les vers sont bons pouvu qu'ils soient
BOILEAU.   [nouveaux.

Les hommes qui embrassent le rude métier des lettres, cèdent ordinairement à une vocation irrésistible, après avoir fait de fortes études et surmonté de grands obstacles. Ils ne se hasardent à donner un vers ou une ligne de prose au public, qu'après avoir longtemps travaillé dans le silence du cabinet, et ne les donnent qu'en tremblant.

Je ne parle pas de ces petits jeunes gens qui écrivent comme ils prennent leur absinthe, et restent inconnus de tous, soit qu'ils s'obstinent dans leur impuissance, soit qu'ils reculent devant un travail sans résultat et la misère.

Les femmes ne connaissent ni les difficultés des débuts ni les fatigues de la lutte ; elles s'improvisent *écrivains* et suivent pour arriver à la réputation un chemin semé de roses et parfumé d'encens. Il est bien entendu que je ne parle pas ici des femmes qui ont peu ou beaucoup de talent, — j'en compte bien jusqu'à vingt en France.

11

« Le reste ne vaut pas l'honneur d'être nommé. »

Fantastique ou vicieuse, femme séparée de son mari ou rêvant une séparation, fille libre ou brûlant de l'être, poussée par la vanité ou par le besoin de satisfaire à ses goûts de luxe, la femme de lettres, qui jusqu'alors a été une femme à peu près convenable, se dit un jour :

« Faisons un roman. »

Et elle se met à l'œuvre ; les lignes succèdent aux lignes, les chapitres aux chapitres, car elle a de l'imagination et travaille facilement comme toute personne qui ne sait pas écrire, et bientôt le roman est fini, — bon ou mauvais, peu importe, — il est fini. La femme de lettres, qui ne pêche pas d'ordinaire par un excès de timidité, court alors les bureaux des journalistes et les cabinets des éditeurs. On la reçoit partout avec une politesse rarement en usage à l'égard des jeunes écrivains, mais partout aussi l'on refuse son roman, en faisant l'éloge de son talent, et prétextant, comme toujours, le temps, les circonstances, la couleur du journal, etc.

La dame, qui n'a pas compris, se retire parfaitement satisfaite, redit à tous les échos les compliments qu'elle a reçus, et se prépare à de nouvelles démarches.

Persuadée que son livre est un chef-d'œuvre,
elle n'en fait pas un autre, ce qui serait trop
long ; — mais elle donne des soirées, où elle
attire quelques écrivains connus ou sur le point
de l'être ; elle se faufile dans les réunions lit-
téraires, et finit par s'entendre avec quelque
homme de talent, galant ou besogneux, qui
lui vendra sa collaboration anonyme pour un
peu d'or ou pour un peu d'amour.

Bientôt après, le roman, considérablement
remanié, paraît dans un journal bien posé,
grâce au protecteur intéressé, puis est édité par
la néophyte. Cette dernière, peu avare de sollicitations, colporte son livre ; elle est partout
bien accueillie, pour peu qu'elle soit jolie et
qu'elle ait bien choisi son Mentor ; la critique
s'occupe d'elle et se montre bienveillante, la
notoriété vient, et nous avons un *bas-bleu* de
plus.

Trois fois hélas !

De ce jour la production devient de plus en
plus abondante ; la femme se prend au sérieux,
regarde avec une certaine condescendance
dédaigneuse les pauvres hommes, qui font eux-
mêmes leurs livres, appelle Georges Sand et
Alexandre Dumas ses confrères, et dit: « *Mes
œuvres, ma réputation* » sur un ton profondément convaincu. Elle parle avec répugnance

des soins prosaïques du ménage, déblatère contre les maris, et se plaint des difficultés qu'elle trouve à placer sa *copie* et de l'injustice de la société, qui ne lui fait pas un pont d'or et refuse de lui ouvrir les carrières libérales, l'arène politique et... les portes de l'Institut.

Malheur au critique assez osé pour dire alors sa pensée sur la femme et sur ses œuvres? les amis de la littérature féminine le mettront à l'*index;* on lui fera une réputation d'homme jaloux, méchant et mal élevé et le pauvre diable verra toutes les dames, qui se croiront solidaires de l'écrivassière trop bien jugée, lui tourner le dos ou sourire ironiquement à son approche ; heureux encore s'il n'est pas traîné sur les bancs de la police correctionnelle.

L'amour-propre blessé d'un de ces androgynes, qu'on nomme des *bas bleus*, est capable de tout.

Dernièrement, une de nos plus célèbres *femmes de lettres et journalistes,* honnête dame séparée de son mari comme tant d'autres et connue pour sa beauté passée, ses *cascades* en France et... ailleurs, autant que pour les deux ou trois volumes qu'elle a publiés, et qui ne valent pas grand chose, bien qu'ils aient été revus et corrigés, fit un livre (je ne dis pas un ouvrage) aussi mauvais que les

précédents. Les amis et les courtisans crièrent : bravo ! — et les badauds applaudirent.
Un critique, pourtant, osa traiter l'auteur et
son œuvre comme *elles* le méritaient. Froissée
dans sa dignité et dans ses prétentions litté-
raires, Madame... (je ne la nommerai pas, de
peur de lui être agréable en lui faisant une
réclame), Madame... fit un procès au journa-
liste malavisé, et ce dernier fut condamné ;
mais comme le texte même de la condamna-
tion donnait un ridicule à la dame, il en a ri,
et tout Paris a fait *chorus*.

Les belles de lettres, qui sont parfois bien
laides, ne relisent jamais ce qu'elles ont écrit ;
elles croient toutes avoir du génie, et refusent
à l'opinion les droits que Victor Hugo, Lamar-
tine, Georges Sand et Alfred de Musset ne lui
ont jamais disputés.

Naturellement aussi, elles trouvent indi-
gnes de leur gloire les démarches qu'elles sont
obligées de faire, et les justes refus qu'elles
essuient quelquefois.

J'entendis un jour deux nymphes à jambes
d'azur causer dans un salon.

— Pauvres femmes, disaient-elles à l'unis-
son, pauvres femmes que nous sommes ! il
nous faut, pour arriver à prendre notre place
au soleil, deux fois plus de talent dépensé qu'il
n'en faudrait à un homme.

Et ce disant, elles étaient convaincues.

Elles eussent été dans le vrai en renversant la proposition. Il faut à un homme, pour arriver, deux fois plus de talent qu'il n'en faut à une femme. Pas un d'entre nous, en effet, ne possède à ses débuts autant d'aplomb pour se présenter, autant de persistance pour solliciter ; pas un d'entre nous n'est aussi complètement dépourvu de toute espèce de préjugés et ne marche sur les pieds du voisin avec une aussi belle indifférence que la dernière des barbouilleuses de papier. D'autre part, la galanterie du sexe prétendu fort leur fait ouvrir bien des portes, et l'amour, qu'elles savent employer à propos, achève l'œuvre de la galanterie.

Toutes ces dames, gonflées d'orgueil et d'impuissance, côtoient les frontières du *pays galant*, vivent de mauvaise littérature et de libertinage plus ou moins voilé ; elles ne doutent de rien, et font avec la même imperturbable aisance une comédie en cinq actes ou un article de modes, un poème épique en douze chants ou une nouvelle à la main. Quelques-unes même se hasardent à traiter (Dieu sait comment!) les problèmes sociaux les plus difficiles à résoudre, ou font des conférences politico-religioso-scientifico-littéraires. Leurs romans empoisonnent le rez-de-chaussée de certaines feuilles dites sérieuses, et leurs œuvres diverses remplissent les colonnes des journaux roses et des gazettes éphémères; et je le leur pardonnerais volontiers, car, après tout, je ne suis pas forcé de lire leurs élucubrations; mais ce que je ne leur pardonne pas, c'est de jeter par leur exemple funeste le trouble dans les familles, et d'entraîner à leur suite des femmes qui, sans elles, eussent été d'honnêtes épouses et de bonnes mères, et qui deviennent des intrigantes, moitié lorettes, moitié artistes.

Dieu vous garde, ô lecteurs! d'avoir femme, fille ou sœur piquée par la tarentule littéraire... à moins qu'elle ne promette d'être un jour une Delphine Gay ou une Georges Sand, et qu'elle ne tienne sa promesse.

LE CHATEAU MAUDIT

Histoire merveilleuse d'un Chevalier et d'une Châtelaine.

I

Roland venait de recevoir les éperons dorés ;
il retournait dans son pays et chevauchait
lentement pour ménager sa monture et rêver
à son aise. Roland était noble comme le roi
et si pauvre qu'une tour lézardée, cinquante
arpents de terre, un petit bois et quinze
paysans composaient tout son patrimoine.
Mais il avait vingt ans ; il était beau comme
Amadis et brave comme les douze pairs ; son
cheval de bataille était encore vigoureux et
son épée n'avait jamais trahi sa main. En
fallait-il davantage pour qu'il regardât sans
crainte l'avenir ? Car, il le savait, plus d'un
chevalier illustre n'avait eu d'abord que moitié
de cela, et devant lui pourtant les riches et
les puissants ployaient les genoux, se dispu-

tant les regards ou mendiant les faveurs du guerrier, pauvre jadis, mais devenu maître et seigneur.

Roland chevauchait donc et rêvait. Or, à quoi peut rêver un chevalier de fortune? Sans doute, il se voyait à la cour entouré de pages, honoré par le très-juste et très-clément Charles, son suzerain, ou festoyant dans la grande salle d'un château magnifique au retour d'une longue chasse? Sans doute, devant ses yeux éblouis passaient tour-à-tour les nobles damoiselles, le faucon sur le poing, et les seigneurs couverts de brillantes armures ou vêtus de soie ou de velours. Il entendait le son du cor, les aboiements des chiens allant à la curée, les noëls de la foule et les chants des troubadours? Non, Roland faisait peu de cas de la richesse et des plaisirs qu'elle procure; autant valait pour lui son armure d'acier que la cuirasse dorée d'un courtisan, et peut-être n'eut-il pas échangé son destrier normand contre le plus fringant coursier des écuries royales.

A quoi rêvait-il donc? il rêvait à la guerre, à ces grands coups d'épée des anciens preux qu'un vieux moine lui avait si souvent contés pendant les soirées d'hiver.

Il rêvait qu'au sortir d'un long et glorieux

combat, une main blanche délaçait son casque
et qu'un mouchoir parfumé étanchait la sueur
qui coulait de son front.

II

Tout-à-coup, son cheval se cabre et recule
en hennissant. Roland tiré de sa rêverie, regarde et voit couché sur le chemin un vieil
ermite dont les cheveux et la barbe aussi
blancs que la neige, couvrent les épaules et
la poitrine. Un long serpent à l'écaille verte
et plus brillante qu'une émeraude, est roulé
dans les plis de sa robe.

Effrayé du danger couru par le vieillard,
Roland met pied à terre, et, profitant du moment où le serpent gonfle sa tête hideuse et,
se dressant à demi, darde sur lui avec colère
un œil couleur de feu, il le sépare en deux
tronçons. La tête reste sur place, et le corps,
se détendant comme un ressort, va se perdre
dans un fossé voisin.

Roland soulève l'ermite et frotte ses tempes
et ses narines avec un linge trempé dans un
cordial précieux qu'un pélerin lui avait donné ;
un soufffe bien faible encore vient effleurer sa
main. Plein de joie et certain de n'avoir pas

un cadavre entre les bras, il fait couler sur
les lèvres du vieillard quelques gouttes de la
bienfaisante liqueur. Aussitôt ce dernier
pousse un profond soupir ; sa figure se colore,
son cœur bat ; il tourne les yeux vers Roland,
sourit et dit :

— J'ai faim.

— Bon père, lui répond Roland, je n'ai
qu'un bien maigre repas à vous offrir, mais
acceptez-le tel qu'il est, et pardonnez-moi de
ne pouvoir faire mieux.

A ces mots, il tire de sa valise du pain, des
viandes froides, une gourde pleine d'un vin
généreux, et vient s'asseoir près de l'ermite,
sur les racines d'un chêne séculaire.

L'ermite, fidèle à ses vœux, ne touche pas
aux viandes, mais, du reste, fait honneur à
son hôte, et qui l'eût vu alors ne se serait
guère douté qu'une heure auparavant il était
étendu sur la poussière et plus semblable à un
mort qu'à un être vivant. Quand tout fut fini :

— Bon père, dit Roland, je vais continuer
ma route ; permettez-moi de vous accompagner jusqu'à votre demeure pour vous garder
de malencontre, et bénissez-moi ; la bénédiction d'un serviteur de Dieu porte bonheur
au soldat.

— Je ne cours aucun danger, ô mon fils !

répondit le vieillard. La léthargie dont tu m'as
tiré s'empare de moi tous les ans, à la même
époque, depuis un terrible événement qui fit
blanchir mes cheveux en un instant. Tant
qu'elle dure, je ne puis ni bouger ni parler;
mes yeux sont à demi-fermés, ma bouche est
sans haleine, mais je vois, je pense comme
auparavant; toutefois ma mort serait certaine
si je restais deux heures sans secours. Je ne
puis te dire les causes de tout cela, je ne puis
te dire ce qu'était le serpent vert que tu as
tué… tu le sauras un jour. Pendant que j'étais
entre la vie et la mort, j'ai vu passer de riches
seigneurs et de pauvres paysans, de fastueux
prélats et des moines quêteurs, des pages et
des soldats, des ribaudes effrontées et de
gentes damoiselles; nul n'a daigné s'arrêter
pour me porter secours. Quelques-uns même
se sont réjouis en pensant que je ne viendrais
plus leur reprocher leur orgueil ou leurs vices.
Dieu leur pardonne! Toi, mon fils, tu as ra-
nimě les membres engourdis du mourant, tu
as partagé avec lui tout ce que tu avais peut-
être; eh bien! à défaut de trésors, j'ai la
science, et je veux te récompenser.

Donne-moi ta main.

Roland la lui tendit. Le vieillard en mesura
les lignes, regarda le soleil à diverses reprises,

interrogea l'horizon; puis, après s'être recueilli quelque temps.

— Es-tu brave? reprit-il.

— Dieu le sait, répondit Roland.

— Bien, fit le moine. Va droit devant toi
jusqu'à ce que le soleil soit arrivé au milieu
de sa course. Quand tu entendras sonner les
cloches de midi, regarde à ta droite, tu verras
un chemin rude, tortueux, bordé de haies et
de fourrés assez épais pour y conserver une
obscurité presque aussi profonde que celle de
la nuit. Entre hardiment et que rien ne t'ar-
rête; L'homme de cœur triomphe de tout.
Quant à ce que tu devras faire ensuite, une
voix intérieure te le dira, si tu es véritable-
ment digne de la gloire que je veux te faire
acquérir. Adieu donc, et que Dieu te conduise !

III

Roland reçut la bénédiction de l'ermite et
partit, songeant à la rencontre extraordinaire
qu'il venait de faire. Ses regards se portaient
tour à tour du soleil, pour voir s'il approchait
du milieu de sa course, à la route, pour chercher le chemin périlleux au bout duquel il
espérait quelque grande aventure. Enfin, le
son d'une cloche se fit entendre au loin, et,

presque aussitôt après, Roland découvrit à sa droite un sentier étroit, encaissé, bourbeux, défoncé, semé de roches et d'épines, et tout-à-fait impraticable pour un cavalier, fût-il monté sur un de ces fils du vent que le calife nourrit dans ses haras. Roland ne s'effraya pas, mais, plein de foi dans la parole de l'ermite, il attacha son cheval à un arbre, et, lui passant la main sur la croupe, il lui dit :

— Adieu, toi qui fus mon fidèle compagnon, dans les bons comme dans les mauvais jours. Je ne sais si je te reverrai jamais, adieu et merci !

Puis, se couvrant de son écu, il s'engagea hardiment dans le sentier, trébuchant à chaque pas, glissant sur les pierres, s'embarrassant dans les ronces. Et certes il fallait du courage pour aller ainsi dans l'obscurité, courbé sous le poids de ses armes, au milieu de dangers qu'il était impossible de prévoir ni de mesurer.

Tout à coup le sentier cessa d'être frayé, et Roland ne vit plus qu'un bois très-épais, sous les arbres duquel se promenait un nain tout difforme, haut d'un pied et demi tout au plus, bien que sa tête fût aussi grosse que celle d'un homme ordinaire. Sa barbe rousse descendait jusqu'à terre ; ses cheveux, d'un noir très-foncé, étaient presque ras ; ses pieds et ses mains étaient démesurément longs ; il était vêtu d'un surtout de peau de renard bleu, et portait en guise d'épée une broche très-longue et très-affilée.

IV

A la vue de Roland, le nain fronça les sourcils ; il prit un air dédaigneux et lui dit :

— Téméraire, où vas-tu ? ces bois m'appartiennent et nul jamais n'y pénétra sans être puni de mort.

— Je l'ignorais, seigneur châtelain, répondit Roland, qui ne put s'empêcher de sourire, et mon ignorance doit vous faire excuser ma témérité... si toutefois j'ai péché par là.

— Retourne sur tes pas, car j'ai pitié de ta jeunesse.

— Cela m'est impossible ; je n'ai jamais reculé devant un danger et ne veux pas commencer aujourd'hui.

— Tu vas donc mourir.

A ces mots, le nain grandit, grandit, jusqu'à ce que sa tête dépassât les chênes de la forêt. Son vêtement de peau de renard bleu devint une cotte de mailles du plus fin acier, et sa broche une lame de Tolède longue de trente pieds, qu'il maniait aussi facilement qu'un enfant eût fait d'un chalumeau.

Roland ne pâlit pas, mais il invoqua Notre-Dame de Bon-Secours et se prépara au combat.

Il vit bientôt que son adversaire ne pouvait que difficilement se retourner, embarrassé qu'il était par les branches voisines, il évita donc le premier coup de la redoutable épée et se jeta derrière un chêne.

— Que fais-tu, lâche et déloyal chevalier? lui cria le géant; tu fuis, mais n'espère pas m'échapper, et, si tu crois en Dieu, fais ta prière, car tu vas mourir.

Roland ne répondit rien, mais se glissant d'arbre en arbre derrière le monstre, il s'accrocha aux mailles de la cotte, assez larges pour laisser passer ses doigts et assez fortes pour le porter et se mit à grimper sur le dos de son adversaire.

Celui-ci ne soupçonnant pas que Roland fut assez audacieux pour grimper ainsi derrière lui et pensant avoir affaire à quelque écureuil de la forêt, ne lâcha pas son épée, car il s'attendait à voir bientôt reparaître le chevalier, mais il donna de si terribles secousses pour se débarrasser du grimpeur incommode, que ce dernier faillit vingt fois lâcher prise et tomber.

Enfin, après d'incroyables efforts, le chevalier parvint aux épaules du colosse, et, dans le moment où celui-ci, voyant à qui il avait affaire, s'apprêtait à le broyer entre ses doigts, il lui plongea son poignard dans la gorge. Puis, saisissant vivement les branches d'un chêne qui se trouvait à sa portée, il descendit à terre évitant ainsi d'être écrasé par son ennemi.

Le géant avait brisé dans sa chute une vingtaine de jeunes arbres et baignait dans une mare de sang couleur de feu d'où s'échappait une fumée bleuâtre et laissant derrière elle une odeur de soufre et de résine tellement forte que, par trois fois, Roland recula suffoqué.

Il attendit, et, lorsque le sang fut refroidi, lorsque les exhalaisons furent devenues supportables, il s'approcha en faisant le signe de la croix.

Aussitôt le géant diminua, diminua, jusqu'à ce qu'il eût repris sa première forme ; la cotte d'acier redevint un surtout de peau de renard bleu, et la terrible épée qui gisait à côté de lui ne fut plus qu'une modeste broche de cuisine.

Roland coupa la tête monstrueuse du nain, la piqua sur la broche et pénétra dans le bois portant d'une main ce hideux trophée et de l'autre écartant ou brisant les broussailles et les branches entrelacées qui formaient devant lui une barrière presque infranchissable.

Il ne marchait ainsi que lentement, avan-
çant, reculant, fatigué, ruisselant de sueur,
jamais découragé, car le souvenir de l'ermite
et la joie de son premier triomphe doublaient
son énergie.

V

Après trois heures de semblables efforts, il
arriva devant un château ceint d'un large fossé
et entièrement perdu au milieu d'arbres gigan-
tesques. On ne voyait personne aux fenêtres,
personne sur les tours, mais le pont-levis était
baissé ; un singe le gardait couvert d'une armure d'argent et portant une pique très-
longue dont le fer était semblable à un tison
ardent.

Au bruit des pas du chevalier, le singe se
retourna pour défendre l'approche du pont ;
mais notre héros lui présenta la tête du nain,
comme autrefois Persée montrait à ses ennemis la tête de Méduse ; puis, relevant son épée
à la hauteur de ses yeux, il traça dans l'air
l'image de la croix.

A cette vue, le singe, frappé d'une terreur
subite, poussa trois cris aigus, tourna trois fois
sur lui-même, brisa sa pique en trois mor-
ceaux et s'élança dans le fossé. L'eau se mit
à bouillonner et n'est pas encore entièrement

refroidie, assure-t-on, bien que des siècles se soient écoulés depuis lors.

Au même instant, le ciel s'éclaircit et des voix harmonieuses firent entendre ces mots :

> Dieu daigne enfin combler nos espérances,
> Le froid brouillard a disparu ;
> Celui qui doit terminer nos souffrances
> Aujourd'hui sans doute a vaincu.
>
> Ce doit être un héros devant qui tout s'efface ;
> Il faut que son bras généreux
> Ait plus de force et son cœur plus d'audace
> Que n'en ont eu les douze preux.

VI

Roland étonné s'arrêta. Une jeune femme, belle comme une fée, descendait le perron. Sa peau était blanche comme l'albâtre, ses yeux bleus comme un ciel de printemps ; une longue et soyeuse chevelure tombait sur ses épaules, soutenue par un cordon de perles, et sa robe du plus riche brocard était serrée autour de sa taille par une ceinture d'or. Quatre damoiselles presque aussi belles, et non moins richement parées, la suivaient.

Elle vint jusqu'à notre héros ; puis, se mettant à genoux devant lui, elle prit sa main qu'elle arrosa de ses larmes et lui dit :

—Soyez béni, seigneur chevalier! vous avez sauvé la plus malheureuse des femmes; soyez béni! et que Dieu vous donne gloire et fortune!

— Relevez-vous, noble dame, lui répondit Roland, je ne puis voir à mes genoux une aussi belle personne. Merci des vœux que vous formez pour moi; ils sont une assez glorieuse récompense des dangers que j'ai pu courir.

— Je me relève donc, puisque vous l'exigez, mais j'espère que vous daignerez prendre un peu de repos dans ce château qui est le vôtre, puisque vous avez vaincu mes tyrans.

A ces mots, elle conduisit le chevalier dans une grande salle. Un chêne entier brûlait dans la cheminée, près de laquelle étaient une harpe et deux grandes chaises artistement sculptées. Au milieu de la salle, une longue table portait des heures et quelques ouvrages de tapisserie et tout autour étaient suspendues des armures d'or, d'argent et d'acier, dont le casque portait la couronne de comte, et l'écu laissait voir deux fleurs de lys d'argent sur champ d'azur.

— Ces armes sont celles de mon père, dit la belle inconnue, et sur un signe d'elles, les quatre damoiselles débarrassèrent le chevalier de sa cuirasse et de son épée et lui apportèrent sur un plateau doré une bouteille et des gâteaux.

Roland croyait rêver.

— Mangez, reprit la jeune dame, mangez et buvez. Cette bouteille renferme un vin généreux qu'un de mes aïeux rapporta d'Espagne quelque temps après le désastre de Roncevaux, et ces gâteaux ont été faits de ma main.

Je vous obéirai, fit Roland, mais pardonnez mon importunité; tout ce que je vois depuis ce matin me paraît tellement étrange que, par instants, je me demande si je ne suis pas le jouet d'une illusion. Expliquez-moi de grâce comment une dame aussi noble et aussi belle que vous l'êtes, a pu se trouver au pouvoir d'un singe monstrueux et d'un nain-géant difforme.

— C'est une bien triste histoire que vous me demandez, mais je n'ai rien a refuser à celui qui m'a sauvé l'honneur et la vie, à celui qui m'a rendu la liberté. Ecoutez donc; ce que je vais vous raconter n'est pas moins extraordinaire que ce que vous avez vu depuis ce matin.

VII

« Mon père, seigneur chevalier, était un riche et puissant châtelain; il possédait ce manoir alors entouré d'un immense jardin, une ville, douze villages et plus de cinq cents maisons isolées ; il pouvait chasser pendant trois jours sans sortir de ses terres, et, quand il partait pour la guerre, il conduisait au rendez-vous mille guerriers, ses vassaux. Il était brave, estimé du roi Charles, et recherché par les plus nobles dames. J'aurais donc pu être la plus heureuse des filles, mais hélas ! mon père était dur, hautain, il n'aimait que les plaisirs assaisonnés par la violence, maltraitait les moines et, quelquefois même, forçait les portes des couvents.

« Un vieil ermite, dont les vertus édifiaient tout le pays, le menaçait souvent de la colère du ciel. Mon père l'écoutait et, se mettant à rire, il lui disait :

« — Je ne connais d'autres dangers que ceux que je vois, dit-il ; vos flammes et vos démons sont à peine bons pour effrayer des paysans, et Dieu est bien loin pour s'occuper de moi.

« Puis il le menaçait de le faire s'énivrer avec lui, s'il ne se taisait. Le moine alors baissait la tête et se retirait en priant le ciel d'éclairer le pécheur.

« Un jour, mon père avait, pendant l'office, pénétré, malgré les lois de l'Eglise, dans un couvent de femmes ; il en avait chassé l'aumônier et enlevait une religieuse. L'ermite parut encore et voulut l'arrêter ; mais, échauffé par le vin, mon père appela ses varlets et leur ordonna de pendre le serviteur de Dieu à la croix du cimetière.

« Arrivé sur le lieu du supplice, l'ermite se tourna vers lui et lui dit :

« — Fils ingrat, j'ai voulu t'empêcher de commettre un sacrilége et tu m'as repoussé ; j'ai voulu te sauver de la damnation éternelle et tu me fais mourir. Puisse le fils de Dieu...

« Il n'en put dire davantage ; le crime fut consommé.

« Au même instant, le ciel s'obscurcit ; un vent violent siffla par trois reprises pendant qu'un éclat de tonnerre annonçait la colère céleste.

« Tous tremblaient ; seul, mon père riait encore et disait :

« — Pourquoi tremblez-vous, lâches que vous êtes ? il vente et il tonne... quel effrayant présage ! Allez, cœurs de femmes, suivez les moines et les prêtres, je saurai bien trouver des serviteurs plus courageux que vous.

« Alors il revint au château, fit fouetter, pour se divertir, un manant qui avait pris un levraut dans ses bois, s'énivra de vin d'Espagne, fit énivrer la religieuse qu'il avait enlevée et, dès que la nuit fut venue, se retira dans sa chambre avec elle.

« Une heure plus tard, tout reposait dans le château, et les pas de la sentinelle qui veillait sur la grande tour, troublaient seuls le silence.

« Tout à coup, nous sommes réveillés par un bruit semblable à celui d'un violent orage ; la tour du nord en feu projette des lueurs sinistres et fait ressembler les arbres qui l'entourent à des fantômes se tordant au milieu des flammes. Les varlets et les pages fuient de tous côtés ; je veux les suivre avec mes femmes, tout est fermé. Je m'élance vers la fenêtre, elle est grillée ; je suis donc obligée de rester spectatrice des terribles événements de cette étrange nuit, car ma fenêtre, qui donne sur la cour d'honneur, me permet de voir tout ce qui s'y passe et d'entendre jusqu'aux moindres paroles que l'on y prononce.

Je ne sais pas comment je ne mourus pas de frayeur.

Le pont-levis était tombé et la grande porte s'était ouverte avec fracas. Mon père, qui toujours inaccessible à la terreur, s'était levé au premier bruit, s'avança l'épée à la main jusqu'auprès de la porte ; mais là il s'arrêta comme pétrifié ; devant lui se trouvaient un nain et un singe difforme, sur les épaules du singe un serpent vert était roulé et dardait un œil unique et brillant comme un tison ardent.

« — N'essaye pas de te défendre, dit le nain, une main criminelle ne peut rien contre nous, serviteurs de Satan, qui venons sur terre pour châtier les hommes coupables. Ton âme et ton corps nous appartiennent et ta fille sera notre servante jusqu'au jour où viendra un chevalier sans tâche, assez audacieux pour nous attaquer et assez fort pour nous vaincre tous trois.

« Alors le nain devint un géant d'une taille démesurée, couvert d'une armure d'acier, le singe l'égala bientôt et le serpent s'enfla jusqu'à ressembler à un énorme cable de navire, son œil unique était comme un de ces feux que l'on allume sur les collines le soir de la Saint-Jean.

Le géant prit mon père d'une main et le pendit à l'un des créneaux du château. Le singe frappa la terre du pied et l'avenue devint un sentier escarpé, tortueux, impraticable. En même temps, le serpent souffla par trois fois avec un bruit pareil à celui que produiraient une douzaine de souflets de forge. Il répéta quatre fois cette opération, en se tournant successivement vers les quatre points cardinaux ; aussitôt le jardin, les fermes, les champs cultivés disparurent et le château se trouva entouré d'une forêt qui semblait exister depuis des siècles.

« Puis le géant redevint nain, le singe et le serpent reprirent leur première forme et tous trois vinrent m'annoncer que je devais être leur esclave. Ils me trouvèrent accablée par le désespoir et s'empressèrent autour de moi, m'assurant qu'il ne me serait fait aucun mal, mais que je devrais préparer leur nourriture et les servir à table. La moindre hésitation, la moindre négligence auraient pour moi d'horribles conséquences, car je deviendrais immédiatement l'épouse du singe.

« Depuis ce jour, il me couvrent de bijoux et de riches étoffes et veillent à ce que ces damoiselles me servent avec le plus grand soin, mais ils exigent que j'assiste à toutes leurs orgies, pour leur verser à boire et leur offrir des mets préparés de mes mains.

« Voici, seigneur chevalier, ma lamentable histoire. Je ne crois pas qu'une autre fille ait jamais été assez malheureuse pour voir son père pendu et condamné aux feux des enfers et pour devenir la servante de trois monstres envoyés par Satan. Mais vous, mon sauveur, comment avez-vous pu triompher de tous mes ennemis? car je ne doute pas que vous n'ayez également vaincu le serpent, sans cela vous n'eussiez pu arriver jusqu'ici.

— En effet, répartit Roland, Dieu m'a conduit et je vous ai délivrée des trois démons.

Et il lui raconta sa rencontre avec l'ermite, la défaite du serpent, sa marche à travers le sentier tortueux et son combat avec le géant.

— Pour le reste, ajouta-t-il, vous l'avez vu de vos propres yeux. Vous avez vu le singe se précipiter dans le fossé ; vous pouvez donc vous livrer sans réserve à la joie. L'enfer a reçu de nouveau les monstres qu'il avait vomis.

VIII

Les astres marquaient alors minuit; la porte de la salle s'ouvrit subitement et le châtelain parut, tel qu'il était dix ans auparavant, lorsque les démons s'étaient emparés de lui, seulement ses cheveux avaient un peu blanchi et le sourire ironique qui plissait autrefois ses lèvres avait disparu.

A cette vue la jeune dame pâlit et resta un instant atterrée. Mais le châtelain avançait toujours et lui tendait la main ; elle comprit enfin et se jetant dans ses bras :

— Mon père, s'écria-t-elle, vous êtes vivant ! que Dieu soit béni.

Ils restèrent ainsi quelque temps, pleurant silencieusement, puis le châtelain se tourna vers Roland et lui dit :

— Je vous dois tout, seigneur chevalier, la liberté de ma fille et ma propre délivrance, comment pourrai-je m'acquitter envers vous ?

« Vous m'avez cru mort, ajouta-t-il, et condamné au feu des enfers ; je l'avais mérité en effet, mais les prières du vieil ermite que j'avais condamné ont obtenu ma grâce du Dieu de miséricorde. Depuis le moment où le géant m'enleva de terre, j'ignore ce qui s'est passé, je me rappelle seulement avoir vu comme dans un songe, le saint vieillard penché sur moi. Un aigle avait coupé la corde, instrument de son supplice.

« — Je te pardonne, me dit-il, et Dieu t'a pardonné ; mais tu resteras plongé dans un sommeil semblable à la mort, jusqu'au jour où ta fille sera délivrée. Alors j'irai rejoindre les âmes des justes après vous avoir tous bénis. »

« Je n'ai plus rien vu, rien entendu ; je ne sais quel temps s'est écoulé depuis ; mais je viens de me réveiller dans la cabane du paysan que j'avais fait fouetter quelques heures avant l'arrivée des démons. Je suis sorti, la lune brillante éclairait la terre et j'ai vu avec étonnement que tout se trouvait dans le même état qu'autrefois, la tour du nord elle-même n'avait conservé aucune trace d'incendie.

IX

La jeune dame s'élança vers la fenêtre. O prodige! la forêt séculaire avait disparu; devant le château s'étendait, couvert de fleurs et de verdure, le jardin seigneurial; une belle et large avenue avait remplacé le sentier périlleux, et, plus loin, entre les arbres, on apercevait le clocher d'un village.

— Seigneur chevalier, reprit alors le châtelain, vous êtes noble et brave, je vous confie le bonheur de ma fille. Soyez maître de mes richesses et de mes terres; rendez vos vasseaux heureux, secourez les pauvres, respectez les couvents et les églises, mais surtout éloignez de vous les flatteurs et les libertins. Pour moi, je vais me retirer dans une abbaye et faire pénitence de mes crimes passés. Dieu m'a conservé la vie, je veux sauver mon âme.

Le lendemain le vieil ermite fut amené au château; Roland reconnut avec joie celui qu'il avait secouru la veille. Le serviteur de Dieu fut reçu comme un ami précieux; il approuva la résolution du châtelain, maria les deux jeunes gens et mourut dans la nuit, en appelant les bénédictions du ciel sur les nouveaux époux et sur leur père repentant.

Ainsi Dieu protège les bons et souvent accorde le pardon du coupable aux prières du juste.

<h2 style="text-align:center">X</h2>

Maintenant, si l'on me demande comment un nain peut devenir un géant; comment un homme pendu à un créneau peut se réveiller dix ans plus tard dans la cabane d'un paysan, si l'on me demande comment un serpent peut n'avoir qu'un œil ardent comme le feu, et dans quel pays les aigles coupent le nœud fatal qui serre le cou d'un supplicié... je répondrai que tout cela est fort extraordinaire sans doute, mais que nul ne peut tracer les limites du possible et que Dieu fait ce qu'il veut.

TABLE DES MATIÈRES

Imprimé par WALLON, à Vichy.